Oberbaumbrücke

Christian Simon

DIE SCHÖNSTEN BERLINER BRÜCKEN

Mit Fotografien von Uwe Friedrich

Siemessteig

Inhalt

Einführung

Die Berliner verbreiten gern, ihre Stadt hätte mehr Brücken als Venedig. Das stimmt zwar, aber europaweit hat Hamburg die meisten Brücken, nämlich knapp 2500. Das sind so viele wie in Venedig und Amsterdam zusammen. In Berlin gibt es gut 900 Brücken. Die Angaben über die genaue Anzahl schwanken, je nachdem, was man als Brücke zählt. Ungeachtet der Beachtung präziser statistischer Daten ist Berlin aber tatsächlich reich an Brücken. Ging es jahrhundertelang nur um die Überbrückung von Spree, Gräben und Kanälen, kamen im 19. Jahrhundert Eisenbahnbrücken und im 20. Jahrhundert Autobahnbrücken hinzu. In diesem Buch beschränke ich mich jedoch auf die schönsten Überbrückungen von Gewässern. Die im Laufe der Zeit verschwundenen Brücken sind hier ebenfalls nicht aufgenommen worden. Sie sollten aber nicht vergessen werden, denn es waren teils prächtig ausgestaltete Bauwerke, die das Stadtbild prägten. Weil das Buch alphabetisch geordnet ist, möchte ich einleitend einige chronologische Anmerkungen zur Brückengeschichte Berlins machen.

Die ersten Brücken waren aus Holz

Die beiden Städte Cölln und Berlin wurden in der zweiten Hälfte des 12. Jahrhunderts gegründet. Zwischen ihnen lag der Hauptarm der Spree. Zusätzlich wurden beide Städte von natürlichen und künstlichen Spreearmen umflossen. Auf Berliner Seite war es der Königsgraben, auf Cöllner Seite der Grüne Graben und Wallgraben. Diese Lage machte eine Reihe von Brücken notwendig. Sie bestanden anfangs aus Holz und waren als sogenannte Jochbrücken konzipiert. Bei dieser Konstruktionsweise werden eine Reihe von Pfählen (Joch) als Paare quer durch den Fluss in die Sohle gerammt. Je zwei parallele Pfähle werden dann in Längsrichtung mit Balken verbunden. Weitere Balken in Querrichtung bilden den Übergang.

Die meisten Brücken hatten zusätzlich eine Vorrichtung zum Hochklappen des Mittelteils (Klapp- oder Zugbrücke), um Schiffen die Durchfahrt zu ermöglichen. Die Klappen waren damals aus zwei Gründen notwendig: Erstens lag das Stadtgebiet einst deutlich tiefer als gegenwärtig. Wer zum Beispiel heute die Marienkirche oder die Klosterruine der Franziskaner besuchen will, muss mehrere Stufen abwärts steigen. Demzufolge lagen auch die Ufer und somit die Brücken niedriger. Zweitens war es anfangs noch nicht so gut möglich, den Wasserstand in der Spree, den Kanälen und dem Festungsgraben durch Schleusen und Wehre gleichbleibend zu regulieren. Bei Hochwasser schwamm das Schiff eben höher. Außerdem hatten Segelschiffe hohe Masten.

Man kann sich gut vorstellen, dass die Holzbrücken immer wieder repariert werden mussten. Entweder wurde das Holz morsch oder Treibgut und Schiffe beschädigten die Bauwerke. Zudem wirkten die Berliner Holzbrücken provinziell und rückständig.

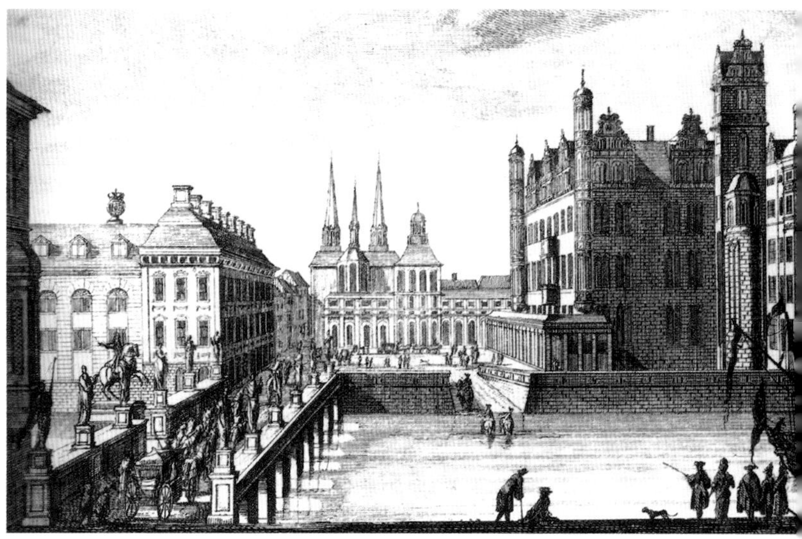

Der Schloßplatz um 1700, Grafik von Peter Schenk

Schleusenbrücke

Nach dem Dreißigjährigen Krieg ließ der Große Kurfürst zwischen 1658 und 1683 die drei Städte Berlin, Cölln (mit Neu-Cölln) und Friedrichswerder mit einer Festung umschließen. Dazu gehörten Wälle, ein breiter Wassergraben und 13 vorspringende Bastionen, auf denen Kanonen standen. Sechs hölzerne Zugbrücken führten über den Festungsgraben zu den Stadttoren.

Die ersten Steinbrücken

Am Ende des 17. Jahrhunderts entstanden die ersten steinernen Brücken in Berlin. Namhafte Architekten wurden mit dem Bau monumentaler Steinbrücken beauftragt. Dazu gehörten Johann Arnold Nering († 1695), Jan und Michael Philipp Boumann († 1776, † 1803), Carl Philipp Christian von Gontard († 1791), Georg Christian Unger († 1799) oder Carl Gotthard Langhans († 1808). Später sind noch Karl Friedrich Schinkel († 1841), Heinrich Strack († 1880) und Otto Stahn († 1930) zu nennen.

Der kurfürstlich-brandenburgische Oberbaudirektor Nering plante zusammen mit dem Ingenieur Jean Louis Cayart den Ersatz der hölzernen Langen Brücke (heute Rathausbrücke). Die Bauarbeiten an der Steinbrücke mit fünf Gewölben begannen im Frühjahr 1692 mit der Grundsteinlegung und endeten am 5. November 1694. Blickfang war das von Andreas Schlüter entworfene und von Johann Jacobi gegossene Reiterstandbild des Großen Kurfürsten, das aber erst 1703 enthüllt wurde. Es steht seit 1952 vor dem Schloss Charlottenburg. Auch die hölzerne Schleusenbrücke (heute zwischen Auswärtigem Amt und ehemaligem Staatsratsgebäude) wurde 1694 im Zusammenhang mit dem Neubau der Schleuse in Stein neu errichtet.

Doch nicht alle Brückenneubauten entstanden gleich aus Stein. Die »Große Pommerantzen-Brücke«(seit 1792 Friedrichsbrücke) wurde 1719 zunächst aus Holz gebaut und erst 1769 aus Stein neu errichtet. Sie bestand aus sechs Gewölben und hatte einen in der Mitte aufklappbaren Brückenteil. Beim Neubau durch Otto Stahn 1891–94 dienten Figuren als Lampenhalter. Den Brückenaufgang schmückten beidseitig Obelisken mit flügelschwingenden Adlern.

Man ging dazu über, einige Steinbrücken mit kolossalen Figuren zu verzieren. Etwa in Höhe der Neuen Wache (Unter den Linden)

Die Lange Brücke 1842, Gemälde von Maximilian Roch

Die Lange Brücke 1889, Fotografie von Hermann Rückwardt

Moltkebrücke

kreuzte die Opernbrücke einst den quer verlaufenden Festungsgraben. Als die hölzerne Brücke 1774 nach Plänen von Jan Boumann durch ein steinernes Brückenbauwerk ersetzt wurde, standen auf dem gemauerten Geländer acht überlebensgroße Sandsteinfiguren als Laternenträger. Sie waren vom Bildhauer Wilhelm Christian Meyer angefertigt worden. Als der Graben überdeckt und die Brücke deshalb 1816/17 abgerissen wurde, stellte man die Meyerschen Figuren 1824 am Leipziger Platz wieder auf. Sie sind heute verschollen.

An der Westseite des Hackeschen Marktes führte die alte Herkulesbrücke seit 1749 über den Königsgraben (heute Stadtbahnviadukt). Als Carl Gotthard Langhans sie 1788 aus Stein neu errichtete, schmückte man die Geländer ab 1791 in der Mitte mit zwei Sandsteinfiguren. Sie zeigten Herkules im Kampf mit dem Löwen bzw. mit dem Kentauren (mythologisches Mischwesen Pferd-Mensch). Auf den vier Pfeilern an den Brückenenden lagerte je eine Sphinx mit kandelaberhaltender Putte. Die Figurengruppe war bereits 1787 von Johann Gottfried Schadow entworfen und 1790/91 von dem Bildhauer Conrad Boy gefertigt worden.

Nach dem Abriss der Brücke, zierten die Figuren die 1889/90 errichtete neue Herkulesbrücke über den Landwehrkanal nördlich des Lützowplatzes. Die Steingewölbekonstruktion ersetzte hier die alte hölzerne Albrechtshofer Brücke mit Klappvorrichtung. Von den Figuren blieb jedoch nur die Gruppe mit Herkules und dem Löwen erhalten, die heute im Köllnischen Park steht.

Brücken mit Kolonnaden

Neben der Verzierung der Brücken mit Figuren, die teilweise Laternen trugen, bekamen einige Brücken repräsentative Säulengänge, sogenannte Kolonnaden. Diese dienten aber nicht nur der Verschönerung des Stadtbildes. Die Bogenhallen waren auch die Zugänge zu dahinterliegenden kleinen Läden.

Ursprünglich gab es in Berlin fünf solcher repräsentativer Brückenbauwerke:

Auf der mutmaßlich ältesten Berliner Brücke, der Mühlendammbrücke, war eine Anzahl von Kramläden und Buden aus Holz entstanden. Für den Standplatz musste man eine Art Pacht an das Amt

Opernbrücke und Zeughaus, Gemälde von Carl Traugott Fechhelm 1785

Friedrichsbrücke Berlin mit Börse um 1900, Fotochrom

Bismarckbrücke

Mühlenhof zahlen. Wegen der Feuergefahr ließ der Große Kurfürst zwischen 1683 und 1687 alle Buden abbrechen. Nach Plänen von Nering entstanden stattdessen beiderseits steinerne Verkaufsläden in Bogenhallen mit Pilastern und Attikageschoss. Dennoch sollte es fast ein Jahrhundert dauern, bevor weitere Kolonnaden entstanden. Dabei handelte es sich ausschließlich um Brücken, die über den Festungsgraben führten. Der Wall ist zwar schon zwischen 1734 und 1736 abgetragen worden, der drei bis vier Meter tiefe Wassergraben, der stellenweise bis zu 55 Meter breit war, wurde aber erst im 19. Jahrhundert nach und nach zugeschüttet und musste an einigen Stellen »überbrückt«werden.

1776 stellte von Gontard solche Kolonnaden auf die neu erbaute, massive Spittelbrücke. Sie standen in Höhe des heutigen Hochhauses Leipziger Straße 48. Der Begriff »Spittel«leitet sich ab von dem 1405 gegründeten St. Gertrauden-Hospital (Hospital = Spital = Spittel), das hier viereinhalb Jahrhunderte bestanden hat. Die zwei halbrunden Kolonnaden mit den Kramläden standen beiderseits der Fahrbahn. Der südliche Teil musste 1929 im Zuge einer Verbreiterung der Leipziger Straße abgetragen und eingelagert werden. Der nördliche Teil wurde später ein Opfer des Zweiten Weltkriegs. 1980 stellte man eine Kopie des südlichen Teils wieder auf. Sie steht wenige Meter westlich vom ursprünglichen Standort auf dem Marion-Gräfin-Dönhoff-Platz. Der vor der Kolonnade stehende Obelisk ist die Nachbildung einer Meilensäule, die seit etwa 1730 an gleicher Stelle auf dem früheren Dönhoffplatz stand. Mit den Kolonnaden hat er nichts zu tun.

Die 1659 erbaute hölzerne Georgenbrücke führte über den Königsgraben zum späteren Alexanderplatz. 1777 wurde sie durch von Gontard mit einer vierbogigen Steinkonstruktion ersetzt. Nach der darüber führenden Königstraße wurde sie Königsbrücke genannt. Die Kolonnaden standen hier jedoch nicht auf der Brücke, sondern an deren westlichen Ende. Das entspräche heute dem nordöstlichen Ende der Rathausstraße, direkt rechts und links vor den Bahnbrücken. Die mit schmückenden Elementen verzierte Königsbrücke war nach knapp einem Jahrhundert so baufällig, dass 1872/73 ein Neubau nach Entwürfen von Johann Heinrich Strack und Louis Schrobitz notwen-

Die Königsbrücke mit Kolonnaden 1832, Gemälde von Eduard Gaertner

Jannowitzbrücke 1888, Fotografie von F. Albert Schwartz

Charlottenburger Brücke

dig war. Für die Mitte der neuen Brücke schuf Alexander Calandrelli vier Figurengruppen, die als sitzende Flussgottheiten die Hauptströme Deutschlands symbolisieren (Rhein, Elbe, Oder, Weichsel). Vier weitere Figurengruppen, die verschiedene Künstler gestalteten, stellen Szenen aus dem Leben eines Kriegers dar. Als man den Königsgraben zuschüttete, um auf seinem Verlauf ab 1878 das Stadtbahnviadukt zu errichten, war die nagelneue Königsbrücke überflüssig und wurde abgerissen. Die Brückenfiguren versetzte man 1882 in den Tiergarten. Die Krieger stehen dort heute an der Rüsternallee. Die Kolonnaden wurden 1777–80 nach Plänen von Gontards und unter Leitung von Georg Friedrich Boumann errichtet. Mit ihrer Höhe von neun Metern passten sie sich an die Höhe der damals anschließenden Häuser an. Durch ihre Positionierung neben der Brücke kaschierte von Gontard die wenig ansehnlichen Uferbereiche des Königsgrabens und lenkte gleichzeitig den Blick Richtung Innenstadt. An der Rückseite der Kolonnaden entstanden 13 Kramläden, die u. a. mit Tabak, Zeitungen, Kuchen, Kleidern oder Ziervögeln handelten. 1909 kaufte Wertheim das Grundstück Königstraße 31/32 (heute CineStar Cubix), um darauf ein Kaufhaus zu errichten. Man versetzte die Kolonnaden 1910/11 an den Eingang des Kleistparks in Schöneberg, wofür Wertheim die Kosten übernahm. Die Rückseiten der Königskolonnaden, an denen sich früher Läden befanden, mussten deshalb nach Vorlage der Vorderseiten ausgestaltet werden. Die Kolonnaden stehen noch heute dort. Seit 1887 erinnert die Gontardstraße direkt westlich vom Bahnhof Alexanderplatz an den Architekten, der hier die Brücke und die Kolonnaden schuf.

Nering, der die Arkaden auf der Mühlendammbrücke und den Neubau der Langen Brücke (heute Rathausbrücke) errichtet hatte, legte ab 1688 auch das schachbrettartige Straßenmuster der neu gegründeten Friedrichstadt fest. So kam es nun darauf an, über die militärisch wertlosen Festungsgräben hinweg Straßenverbindungen zum Friedrichswerder zu schaffen. Die Abtragung des Walls war schon nach 1745 verstärkt vorangetrieben worden, aber der Graben wurde erst ab 1830 nach und nach zugeschüttet. Das erforderte den Bau von Brücken, wie zum Beispiel 1742 am östlichen Ende der Mohrenstraße. Der hölzerne Fußgängerüberweg wurde 1787 nach einem

Die Städtische Sparkasse am Mühlendamm um 1906, Fotopostkarte

Die Eiserne Brücke über den Spreekanal um 1800

Siemenssteig

Entwurf von Carl Gotthard Langhans durch eine Steinbrücke ersetzt, die auf beiden Seiten Kolonnaden erhielt. Die Brückenhallen werden von Doppelsäulen getragen. Die dreieckigen Giebelfelder in der Mitte stellen Merkur und Pluto bzw. Merkur und Neptun dar, während über den Seitenteilen und dem Giebel Figuren Flussgötter und preußische Flüsse symbolisieren. In den Rückwänden der Bogenhallen befanden sich die Zugänge zu den einst hier vorhandenen Läden. Die Baumeister der später errichteten Geschäftshäuser ließen die Säulenreihen als schmückenden Fassadenvorbau stehen. Die Gebäude werden heute auf der Nordseite vom Institut für Europäische Ethnologie der Humboldt-Universität und auf der Südseite vom Bundesministerium der Justiz genutzt. Diese Kolonnaden sind die einzigen in Berlin, die noch in originaler Lage vorhanden sind. Die Brücke selbst wurde mit Verfüllung des Festungsgrabens beseitigt.

Etwas weiter nördlich führte die 1736 errichtete hölzerne Jägerbrücke über das Wasser, die 1739 auf beiden Seiten hölzerne Säulenlauben für die Kram- und Trödelbuden erhielt. Georg Christian Unger baute Brücke und Kolonnaden 1780–82 aus Stein neu. Beides wurde mit Zuschüttung des Grabens wieder abgebrochen.

Die von Süden kommende Jerusalemer Straße führte seit 1739 über die hölzerne Schinken- oder Jerusalemer Brücke auf den heutigen Hausvogteiplatz (ehemalige Bastion III). Statt mit Kolonnaden war diese Brücke zu beiden Seiten mit Häusern besetzt. Graben und Brücke wurden später so überbaut, dass sie die Zeitgenossen um 1840/50 nicht mehr bemerkten.

Brücken aus Eisen und Stahl

Neben Holz und Stein kam ab etwa 1800 vermehrt auch Gusseisen und später Stahl beim Brückenbau zum Einsatz. Bereits 1796 wurde die alte hölzerne Kupfergrabenbrücke im Zuge der heutigen Bodestraße durch eine gusseiserne Brücke mit hohem Bogen abgelöst. Der neue Name Eiserne Brücke hielt sich bis heute, auch wenn die Neubauten von 1825 und 1916 wieder in Stein ausgeführt wurden. 1798 ersetzte Oberhofbaurat Friedrich Becherer die alte hölzerne Spreegassenbrücke über den Spreekanal durch die heute noch bestehende Jungfernbrücke an gleicher Stelle. Sie besteht aus Holz und Eisen,

Oberbaumbrücke um 1905

Charlottenburger Brücke um 1905

Anhalter Steg

wobei der Mittelteil über Ketten und Räder angehoben werden konnte, um Schiffen mit hohen Aufbauten die Durchfahrt zu ermöglichen. Der Klappmechanismus wurde um 1938 außer Funktion gesetzt, weil der Spreekanal nach dem Neubau der Mühlendammschleuse 1938–42 nicht mehr für die Schifffahrt genutzt wird. Die Jungfernbrücke ist die letzte von einst neun baugleichen Zugbrücken, die über den Spreekanal und Kupfergraben führten.

Die hölzerne Weidendammer Brücke wurde 1824–26 ebenfalls durch einen Neubau aus Gusseisen ersetzt, die heutige Stahlkonstruktion entstand erst 1894–1896. Den eisernen Reichsadler am Geländer machte Wolf Biermann in einem Lied zum »preußischen Ikarus«.

Spätere Brückenbauten wurden und werden bis in die heutige Zeit vermehrt aus Metall errichtet. Ein jüngeres Beispiel ist der Alfred-Lion-Steg. Die 2012 eröffnete Fußgängerbrücke über das breite Bahngelände nördlich vom Bahnhof Südkreuz entstand als Stahlrohrfachwerk.

Die Jungfernbrücke über den Schleusengraben 1909, Fotografie von Waldemar Titzenthaler

Das Berliner Brückenbauamt

Mit der »Ordnung für sämtliche Städte der Preußischen Monarchie« vom 19. November 1808 wurde die städtische Selbstverwaltung gestärkt. Nun forderten die Städte auch ein Mitspracherecht bei der Ausgestaltung von Straßen und Brücken, die aber dem preußischen Staat gehörten. So beteiligte sich die Stadt Berlin ab 1820 am Straßen- und Brückenbau. Weil es dabei immer wieder zu Meinungsverschiedenheiten kam, wurde 1838 durch eine Königliche Kabinettsordre folgende Regelung getroffen: Alle bis zum 1. Januar 1837 innerhalb der Stadtmauer befindlichen Straßen und Brücken werden vom preußischen Fiskus unterhalten. Für alle Straßen, die danach entstanden, sollte die Stadt Berlin zuständig sein, wobei sie im Eigentum des Fiskus verblieben. Man kann sich vorstellen, dass dies zu einem Durcheinander führte. Zudem gab es beim Bau von Rohrleitungen, Pferdebahnschienen, öffentlichen Bedürfnisanstalten, Litfaßsäulen usw. auf Straßenland erneut Streit über gegenseitige Befugnisse.

Deshalb gingen zum Jahreswechsel 1875/76 die damals etwa 75 Berliner Straßenbrücken vom preußischen Fiskus an die Stadt Berlin

Weidendammer Brücke mit Dampferstation 1897, Fotografie von Hermann Rückwardt

Gustav-Heinemann-Brücke, im Hintergrund die Hugo-Preuß-Brücke

über, was natürlich auch die Unterhaltungspflicht einschloss. Damit Berlin diese Kosten nicht plötzlich allein tragen musste, unterstützte der Fiskus die Stadt Berlin mit jährlich 556000 Mark. 1882 zahlte der Fiskus an Berlin eine Ablösung von einmalig rund 11,1 Million Mark. Damit war Berlin für den Brückenbau nun ganz allein zuständig und hatte dafür bereits 1876 eigens ein Brückenbauamt gegründet. Das Amt existiert unter dem Dach des Senats von Berlin bis heute.

Schlussbemerkungen

Viele Berliner Brücken, darunter etliche historische Brückenbauwerke, hatten den Zweiten Weltkrieg mit einigen Blessuren halbwegs unbeschadet überstanden. Erst im April 1945 sprengten Wehrmacht und SS sprengten zahllose Brücken, um der Roten Armee das Vordringen ins Stadtzentrum zu erschweren. Im Ergebnis waren von 240 größeren Straßenbrücken rund 60 Prozent zerstört. Ganze Stadtviertel waren nun nicht mehr erreichbar, die über die Brücken laufenden Versorgungsleitungen waren gekappt und durch die Trümmer im Wasser (teilweise Stahlgerüste) war kein Schiffsverkehr mehr möglich.

Zunächst behalf man sich mit Notbrücken, später mit Provisorien wie zum Beispiel bei der Lessing- oder Moltkebrücke über die Spree. Beide Brücken wurden erst in den 1980er-Jahren durch Neubauten ersetzt.

Später passte man die Brückenbauten dem zunehmenden Individualverkehr an – in Ost- wie in West-Berlin. Auf Schönheit achtete man in den 1960er/70er-Jahren überhaupt nicht mehr, es ging bei Brücken nur noch um schnörkellose Funktionalität einer autogerechten Stadt. Erst ab den 1980er-Jahren bemühte man sich in beiden Teilen der Stadt einige historische Brücken zu rekonstruieren – wenigstens teilweise. Das bekannteste Beispiel ist die Schloßbrücke am Humboldt ursprünglich Form, die seit 1984 wieder von den zugehörigen Figuren geschmückt wird. Sie waren in West-Berlin kriegsbedingt eingelagert und zur Wiederaufstellung an die DDR übergeben worden. Heute erfreuen sich in der wiedervereinigten Stadt die Berliner und Touristen aus aller Welt daran.

Die zerstörte Jannowitzbrücke, 1950. Fotografie von Heinz Funck

Die Oberbaumbrücke mit Kriegsschäden, 1950. Fotografie von Heinz Funck

KULTURHAUS

Abteibrücke

Die Abteibrücke führt hinüber auf die »Insel Berlin«. Diese liegt in der Spree gegenüber der Südspitze der Halbinsel Stralau und war um 1860 durch künstliche Aufschüttung an einer flachen Stelle entstanden. Im Zusammenhang mit der Berliner Gewerbeausstellung im Treptower Park 1896 eröffnete hier ein Restaurant im Stil einer schottischen Klosterruine, die der Insel den damaligen Namen »Abteiinsel« einbrachte. Die Besucher ließen sich mit einer Fähre übersetzen. Das Lokal brannte 1914 ab.

Die Insel war schon 1913 von der Stadt Neukölln für eine halbe Million Mark gekauft worden. Deshalb findet man das Neuköllner Wappen auf dem Brückenhäuschen.

Die Fußgängerbrücke wurde 1915/16 unter Federführung des Wiener Bauingenieurs Friedrich Ignatz von Emperger gebaut. Für die Ausführung setzte man vorwiegend französische Kriegsgefangene ein. Als eine der ersten Bogenbrücken aus Stahlbeton in Deutschland ist sie heute ein technisches Denkmal. Vor dem Bau machte man Versuche an den Technischen Hochschulen in Berlin und Dresden, weil man mit derartigen Konstruktionen noch keine Erfahrung hatte. 1916 wurde eine Ausnahmegenehmigung für den Bau des 78 Meter langen Bogens erteilt. Bei einer Durchfahrtshöhe von neun Metern kommt die Brücke ohne stützende Pfeiler aus und wird an beiden Seiten von je einem Brückenturm gehalten. Der dreigeschossige Turm auf der Festlandseite hat ein Satteldach mit Türmchen, während der Turm auf der Inselseite oben mit einem umlaufenden Gang mit Satteldach ausgestattet ist.

Mit der Eröffnung eines Jugend- und Klubhauses 1949 bekam das Eiland den Namen »Insel der Jugend«, wird aber seit 2010 »Insel Berlin« genannt.

Auf dem Gehweg zur Brücke wurden seit 2005 etwa 50 Keramikfliesen mit Namen von Menschen verlegt, die sich für Kinderinteressen einsetzen (z. B. Ingo Insterburg, Berti Vogts, Kurt Krömer, Dietrich Grönemeyer oder Hermann van Veen). Auf der Insel stehen rechts die Gebäude. Auf der Wiese links befindet sich seit 1995 die Granitskulptur »Boot« von Lutz Kommallein.

ZONE Two
LOVE
CHARLY

Admiralbrücke

Da der Schiffsverkehr auf der Spree durch die Berliner Innenstadt zu Beginn des 19. Jahrhunderts kaum noch zu bewältigen war, entstand zwischen 1845 und 1850 als südliche Umgehung der Landwehrkanal. Dazu wurde der bereits vorhandene Schafgraben durchgehend schiffbar gemacht.

1866 verlängerte man die Adalbertstraße südlich des Kottbusser Tores. Dieser Abschnitt bekam den Namen Admiralstraße. Damit war Adalbert Heinrich Wilhelm, Prinz von Preußen, gemeint, der 1854 Admiral geworden war. Den Landwehrkanal konnte man hier seit 1850 über eine hölzerne Klappbrücke überqueren, die Badbrücke hieß. Dieser Name gibt Anlass zu der Vermutung, dass nahe der Brücke einst ein Flussbad bestand.

Zwischen 1880 und 1882 entstand an ihrer Stelle eine schmiedeeiserne Brücke, die nach der zuführenden Straße Admiralbrücke benannt wurde. Sie besteht aus flachen, parabelförmigen Stahlbögen und genieteten Blechträgern, wobei die Fahrbahn zur Mitte leicht ansteigt. Das Bauwerk ist 33 Meter lang und 19,5 Meter breit. Die Arbeiten leitete Georg Pinkenburg, der als kommunaler Baubeamter im Rang eines Stadtbauinspektors im städtischen Brückenbau-Büro arbeitete. Stilistisch interessant sind die Verzierungen von Blätterornamenten am Kunstschmiedegeländer, das von Fabian & Krüger stammt.

Bis 1921 fuhr die Straßenbahn über die Brücke, die 1933/34 noch einmal verstärkt wurde.

Die Brücke hat den Krieg überstanden, auch die Widerlager mit Brüstungen sind erhalten. Als älteste erhaltene schmiedeeiserne Brücke über den Landwehrkanal wurde das Bauwerk 1984 rekonstruiert.

Mit ihrer Sperrung für den Autoverkehr durch Poller avancierte die romantische Brücke in der Nachwendezeit zum nächtlichen Treffpunkt für Touristen und Partygänger. Die lärmgeplagten Anwohner forderten sogar, die Brücke aus internationalen Berlin-Reiseführern streichen zu lassen. Stattdessen gibt es seit 2010 für das Feiern auf der Brücke eine Sperrstunde ab 22 Uhr, die von der Polizei durchgesetzt wird.

BVG

Anhalter Steg

Der Anhalter Steg ist eine Fußgängerbrücke über den Landwehrkanal zwischen der Möckernbrücke und der Schöneberger Brücke. Er verbindet das Gelände des Deutschen Technikmuseums mit dem gegenüberliegenden Gelände des ehemaligen Anhalter Bahnhofs. Von hier ging am 1. Juli 1841 die 63 Kilometer lange Strecke nach Jüterbog in Betrieb. Dazu musste der Landwehrkanal wenige Meter südlich vom Bahnhof mit einer viergleisigen Brücke überquert werden. Seit 1902 führen zusätzlich noch die Gleise der Hochbahn darüber. So entstand ein Verkehrsschnittpunkt auf vier Ebenen: Hochbahn – Fernbahn – Uferstraßen – Kanal.

Ab dem 18. Mai 1952 stellte man den planmäßigen Zugverkehr am Anhalter Fernbahnhof ein. Die Bahnhofsruine ist zwischen 1959 und 1961 gesprengt worden. Die verbliebene Brücke wurde nur noch innerbetrieblich genutzt, bevor sie 1972 ausgehoben und verschrottet wurde. Auf einem ehemaligen Gewerbe- und Bahngelände an der Trebbiner Straße eröffnete 1983 das Museum für Verkehr und Technik. Mit der Umbenennung in Deutsches Technikmuseum 1996 wurde zusätzlich ein Neubau begonnen, der am 21. März 2001 übergeben wurde.

In diesem Zusammenhang realisierte man an Stelle der ehemaligen Eisenbahnbrücke eine schon lange geplante Radfahrer- und Fußgängerbrücke. Der Berliner Architekt Benedict Tonon konzipierte ein Bauwerk aus drei je 25 Meter langen Feldern, wobei das schmiedeeiserne mittlere Feld mit Holzbohlen belegt ist. Es stammt von der →Marschallbrücke. Sein geschwungenes Geländer besteht aus floralen Ornamenten. In der Mitte des Brückenstücks hängt ein schmiedeeisernes Wappen mit Krone. Die Montage der Brückenteile begann am 28. September 2000. Im Februar 2001 war die Brücke fertig. Da sie auf der Höhe des alten Bahndammes liegt, überquert sie Kanal und Uferstraßen.

Die beiden Betonpfeiler weisen im oberen Teil die Schriftzüge »ANHALT« und »BERLIN« auf, womit an die ehemalige Funktion der Brückenverbindung für die Berlin-Anhaltische Eisenbahn erinnert wird.

109846-A

Baerwaldbrücke

Die Baerwaldbrücke führt den Straßenzug Baerwaldstraße/Prinzenstraße über den Landwehrkanal. Ursprünglich stand hier seit 1850 eine hölzerne Klappbrücke. Sie hieß zunächst Gasanstaltsbrücke, weil nördlich des Landwehrkanals zwei Gaswerke standen.

Westlich der Prinzenstraße ging 1826 eine Gasanstalt der Imperial Continental Gas Association (ICGA) in Betrieb. Mit der englischen Gesellschaft hatte das Preußische Ministerium des Innern einen Vertrag zur Gasversorgung abgeschlossen. Als der Vertrag 1847 auslief, entstand auf der anderen Seite der Prinzenstraße ein städtisches Gaswerk. Beide Gasanstalten wurden 1922 geschlossen. Auf dem Gelände der englischen Gasanstalt eröffnete 1956 das Sommerbad Kreuzberg (Prinzenbad), während auf dem Areal der städtischen Gasanstalt der Böcklerpark angelegt wurde.

Die Holzbrücke wurde 1876/78 durch eine massive einbogige Steinbrücke mit einer Stützweite von 18,80 Metern ersetzt. Die Stirnseiten verkleidete man mit gelben Ziegeln, unterbrochen von Bändern aus roten Ziegeln. Der Brückenbogen wurde in Sandstein ausgeführt. Im Scheitelpunkt befindet sich auf beiden Seiten je eine Wappenkartusche, die einen aufrecht stehenden Berliner Bären beim Honigsammeln und beim Fischen zeigt.

1879 erhielt die Brücke den Namen des ersten Verwaltungsdirektors der städtischen Gaswerke, Peter Friedrich Carl Baerwald, der 1871 gestorben war. Die südlich der Brücke anschließende Straße trägt den Namen Baerwalds bereits seit 1874.

1947 reparierte man die leicht beschädigte Brücke, wobei leider das steinerne Balustradengeländer und das Kragsteingesims direkt unter der Brüstung beseitigt wurden. Bei der Rekonstruktion nach historischem Vorbild 1952 bekam die Brücke ein schlichtes Metallstaketengeländer, wie man es von vielen Straßenbrücken Berlins kennt. In diesem Zusammenhang erhielten die Brückenzugänge beidseitig je zwei nach historischen Mustern angefertigte zweiarmige Kandelaber, wie sie auch an der Siegessäule zu finden sind.

Bismarckbrücke

Die Bismarckbrücke steht in der Villenkolonie Grunewald, die erst 1890 gegründet wurde. Verglichen mit den Gründungen von Wannsee-Alsen (1863), Lichterfelde (1865) oder Westend (1866) eine späte Schöpfung.

Dabei hängen die Kolonie Grunewald und der Kurfürstendamm historisch zusammen: Der von Bismarck vorgeschlagene Ausbau zu einem Boulevard führte 1882 zur Gründung der Kurfürstendamm-Gesellschaft durch die Deutsche Bank. Die Gesellschaft sollte den Bau der Straßen finanzieren und durfte dafür am westlichen Ende für 2,8 Millionen Mark ein Waldgebiet zum Zwecke der Parzellierung erwerben. 1889 begann die Abholzung der Bäume und die Anlage von Straßen. Die morastigen Tümpel ließ die Gesellschaft entschlammen und in lauschige Seen umwandeln.

Mit dem Bau der Bismarckallee musste eine schmale Wasserverbindung zwischen Hertha- und Hubertussee überwunden werden. Dafür wurde 1891 die Bismarckbrücke als Stahlbalkenkonstruktion erbaut, die von neobarocken gemauerten Bögen aus Naturstein getragen wird. Mit ihren drei Feldern überspannt sie das Wasser und zwei Uferwege. Der Bildhauer Max Klein flankierte die Brückenköpfe mit vier Sphingen, die auf steinernen Postamenten liegen. Zusätzlich sind auf der Brüstung der Brücke vier barockisierende Obeliske und Amphorenvasen angebracht. Alle Figuren sind aus Sandstein.

Sphingen waren von der Renaissance bis ins 20. Jahrhundert ein beliebter Bauschmuck. Ähnliche Sphinxfiguren findet man z. B. im Schlosspark Klein-Glienicke und im Park Sanssouci. Sie schmückten auch die beiden →Herkulesbrücken. Das Motiv fand sich auch in Gemälden und Reliefs im Berliner Schloss. Sogar auf Berliner Friedhöfen gibt es Sphinxfiguren, wie z. B. auf dem Urnenfriedhof Gerichtstraße, dem Alten Luisenstädtischen Friedhof oder auf dem Friedhof Grunewald (Vase mit Sphinx).

Brücke und Skulpturen haben den Zweiten Weltkrieg ohne größere Schäden überstanden. Sie weisen Zementausflickungen, Bewuchs mit Moos und leichte Vandalismusschäden auf.

Charlottenburger Brücke

Die Charlottenburger Brücke überquert im westlichen Abschnitt der Straße des 17. Juni den Landwehrkanal und verbindet die Ortsteile Charlottenburg und Tiergarten.

Über den einstigen Schaf- oder Landwehrgraben führte zunächst eine hölzerne Klappbrücke. Als der Graben zwischen 1845 und 1850 zum schiffbaren Kanal ausgebaut wurde, bekam die Überquerung 1849 den heutigen Namen.

Nach Entwürfen von Friedrich August Stüler entstanden an der Brücke 1856 zwei einander gegenüberliegende Steuerhäuser. An der Grenze zu Charlottenburg musste in dem einen eine Schlacht- und Mahlsteuer entrichtet werden, in dem anderen das Chausseegeld. Die Steuerhäuser hatten eine säulengestützte Vorhalle, in der Reliefs angebracht waren. Sie symbolisierten am nördlichen Gebäude Technik, Kriegswesen und Verkehr, am südlichen Wissenschaft, Bau- und Bildkunst.

Mit Abschaffung der erhobenen Abgaben waren die Häuser nicht nur überflüssig, sondern mit ihrem geringen Abstand von nur 15 Metern auch ein Verkehrshindernis. Durch Entfernung der Seitenwände der Vorhallen waren sie als Arkadengang nutzbar, wurden aber im Rahmen einer geplanten Neugestaltung 1905 und 1907 abgebrochen. Zwei dorische Säulenpaare der Gebäude stehen heute hinter dem Hauptgebäude der TU.

Weil um die Jahrhundertwende ein Ersetzen der hölzernen Klappbrücke notwendig war, sollte bei der Gelegenheit eine repräsentative Eingangssituation in die damals selbstständige und wohlhabende Stadt Charlottenburg geschaffen werden. Zu diesem Zweck veranstaltete der Magistrat Charlottenburg in den Jahren 1900 und 1901 zwei Architektenwettbewerbe, jedoch hielt das Preisgericht alle Entwürfe für ungeeignet. Deshalb errichtete das Bauamt Charlottenburg zwischen 1904 und 1907 eine massive Gewölbebrücke, während die künstlerische Gestaltung dem Architekten Bernhard Schaede übertragen wurde. Die Brückenbrüstungen wurden an den Charlottenburg zugewandten Enden auf Höhe der Kandelaber hochgezogen. An der nordwestlichen Ecke der Brücke baute man eine unterirdische Bedürfnisanstalt, wobei die Zugangstreppen und Räume ebenfalls von Bernhard Schaede geplant wurden.

Er entwarf auch zwei leicht gekrümmte neobarocke Säulenhallen mit schmückenden Aufbauten aus Tuffstein. Sie standen sich als Straßentor auf beiden Fahrbahnseiten in einem Abstand von 15 Metern gegenüber. Vor den einander zugewandten Torpfeilern stehen die beiden etwa fünf Meter hohen Bronzestatuen von Friedrich I. (Südseite) und seiner Gemahlin Sophie (Nordseite), des ersten preußischen Königspaares, die der Bildhauer Heinrich Baucke geschaffen hat. Die Fuß- und Reitwege führten einst durch die Säulenhallen, während der Fahrdamm dazwischen lag. Die gesamte Neuanlage kostete 1,572 Millionen Mark (kaufkraftbereinigt in heutiger Währung: rund 10,95 Millionen Euro). Die Bauleitung der Gesamtanlage lag in den Händen des Bauingenieurs Hermann Zangemeister.

Westlich des Tores standen auf beiden Seiten der Straße 22 Meter hohe Kandelaber mit Bogenlampen. Sie wurden im Krieg schwer beschädigt, 1970 abgebrochen, jedoch 2007–10 rekonstruiert und neu errichtet.

Auf den der Straße zugewandten Steinpfeilern befanden sich ursprünglich zwei von dem Bildhauer Georg Wrba geschaffene Bronzeplastiken. Die nördliche Figur stellte eine auf einem Hirsch reitende Frau dar, über deren Kopf ein Schleier wehte; die südliche Figur einen auf einem Pferd reitenden Mann, der Schild und Schwert in der Hand hielt. Die Plastiken wurden in den letzten Kriegswochen demontiert und gelten seitdem als verschollen.

Im Rahmen des nationalsozialistischen Ausbauprogramms der Hauptstadt wurde die Ost-West-Achse zwischen 1937 und 1939 auf 50 Meter verbreitert. Da die eineinhalb Meter hohen Rampen zur

Charlottenburger Brücke eine durchgehende Sichtachse störten, wurde die Brücke zwischen 1937 und 1939 abgebrochen und von Richard Ermisch neu errichtet. Die Brüstungen wurden in Tuffstein ausgeführt und das Brückenbauwerk mit Sandstein verkleidet, um eine architektonische Einheit der neuen Brücke mit dem Tor zu erreichen.

Da der Neubau zehn Meter breiter war, musste das gesamte Charlottenburger Tor 1937–38 auf einen Abstand von 33 Metern auseinandergerückt werden. Bei entsprechenden Anlässen wurden in der NS-Zeit zur festlichen Schmückung der Straße überdimensionierte Hakenkreuzfahnen zwischen den Säulen und quer zur Fahrbahn an den Stirnseiten der Säulenhallen aufgehängt. Albert Speer hatte eigens für die gesamte Ost-West-Achse Straßenleuchten entworfen, die heute noch installiert sind.

Die im Zweiten Weltkrieg schwer beschädigten Teile des Tores wurden behelfsmäßig instand gesetzt, aber die Schäden 1968–70 unsachgemäß behoben. Da sich Teile des Bauwerkes lösten und herunterfielen, war zwischen 2004 und 2007 eine Generalsanierung erforderlich.

Die heutige Brücke ist eine Stahlbetonkonstruktion. Sie ist mit 75 Metern ungewöhnlich breit. Auf der Brücke befinden sich in beiden Richtungen zusammen neun Fahrspuren. Hinzu kommen beidseitig Radwege und breite Bürgersteige.

Dovebrücke

Die nach dem Physiker und Meteorologen Heinrich Wilhelm Dove benannte Brücke überspannt den Landwehrkanal und verbindet die Cauer- und Dovestraße miteinander. Zunächst gab es hier eine 1889–90 errichtete Holzklappbrücke, die so positioniert war, dass sie einem später geplanten Neubau nicht im Wege stand. Sie erhielt schon 1892 den Namen Doves. Zwischen 1909 und 1911 entstand die neue, massive Stahlbetonbrücke nach Plänen der Stadtbauräte August Bredtschneider und Heinrich Seeling. Beton war billiger als ein gemauertes Gewölbe. Die Gesamtbaukosten betrugen 465 000 Mark. Von der Brücke aus hat man Richtung Westen einen Blick auf den Zusammenfluss von Spree und Landwehrkanal. Aber wer die Schönheit des zunächst unscheinbaren Brückenbauwerkes genießen will, sollte sie von der Seite betrachten.

Sie besteht aus zwei flachen Korbbögen, einem großen, 24 Meter breiten über den Kanal, einem kleinen an der früheren Ladestraße am südlichen Ufer. Hier standen einst Kräne. Die Straßenlaternen stehen an der Brüstung in Ausbuchtungen, die darunter die Pfeiler bilden. Die rot verklinkerten Stirnseiten schaffen einen gefälligen farblichen Kontrast zu den Bögen, deren unterer Rand in Muschelkalkstein gehalten ist. Unterhalb der Brüstung befinden sich hervorspringende dekorative Masken, Wasserspeier u. ä., die der Bildhauer Hermann Feuerhahn geschaffen hat. Seine monumentale Skulptur eines Tauziehers, die auf einem hohen Sockel an der westlichen Brückenseite stand, hat den Zweiten Weltkrieg nicht überdauert. Hier stand auch das zweigeschossige Lademeisterhaus mit imposantem Uhrturm und Zwiebelkupferdach. Dort waren die elektrischen Schaltanlagen untergebracht. Es ist ebenso nur in Resten erhalten wie der halbrunde Säulentempel am gegenüberliegenden Salzufer. Zu ihm führten zwei Freitreppen, wo eine prachtvolle unterirdische Bedürfnisanstalt stand. Es gab kostenlose »Klosettstände« für die zweite Klasse und solche der ersten Klasse mit einer gehobenen Ausstattung, für die man 10 Pfennig zahlte.

JAMES-SIMON-GALERIE

Eiserne Brücke

Die Eiserne Brücke verbindet die Bodestraße auf der Museumsinsel mit den Straßen jenseits des Kupfergrabens (Hinter dem Gießhaus/Am Kupfergraben/Am Zeughaus). Zunächst gab es hier eine hölzerne Klappbrücke mit steinernen Pfeilern und einer Holzfahrbahn. Sie hieß zeitweilig Kupfergrabenbrücke, später Wallbrücke und führte zwischen der Oranien- und der Gießhaus-Bastion der Festung über den Graben. 1796/97 erfolgte ein Neubau als gusseiserne gewölbte Konstruktion mit bogenförmigem Träger und in der Mitte je einem Kandelaber an den Brüstungen. Es war vermutlich die erste gusseiserne Brücke in Berlin, die in der Königlichen Eisengießerei in Malapane (Schlesien) gefertigt worden war. Sie hieß nun Eiserne Brücke. Dieser Name wurde bis heute beibehalten, auch als 1825 nach Sprödbrüchen ein massiver Neubau aus Sandstein entstand.

Weil später eine Pferdebahn über die Brücke geführt wurde, musste das Bauwerk noch einmal verstärkt werden. Doch das erhöhte Verkehrsaufkommen erforderte 1914–16 den Neubau einer vierten Brücke. Damit das schwere Bauwerk keine Probleme mit dem morastigen Baugrund bekommt, entwarf Walter Koeppen ein leichtes Stahlfachwerk, das auf Holzpfählen gegründet und mit fränkischem Muschelkalkstein verkleidet ist. Die Brücke ist einbogig und 21 Meter lang. Die Brüstungsmauer ist auf beiden Seiten mit je acht rechteckigen Öffnungen versehen, in denen sich ornamentale und figürliche Motive aus Bronze befinden. Das Brückengeländer wurde 1968 originalgetreu rekonstruiert, denn die im Krieg beschädigte Brücke wurde 1950 nur behelfsmäßig wieder hergerichtet, jedoch seither mehrfach saniert.

Da die Brücke 1916 höhergelegt wurde, entstand eine Stützmauer zum Lustgarten hin. Dort, am südöstlichen Ende der Brücke, neben dem Alten Museum, führen zwei Treppen zu einem Wandbrunnen nach römischem Vorbild. Aus dem Maul eines Plattfischs läuft Wasser in einen rechteckigen Brunnentrog, dessen Wandung vorne mit antikisierenden Rosetten und Blütenmotiven geschmückt ist.

YGS.BOYS.

Elsensteg

Der Elsensteg verbindet die Innstraße und die Elsenstraße über den Neuköllner Schifffahrtskanal hinweg. Er wird auch Neuköllner Verbindungskanal genannt, weil er den Landwehrkanal von der →Lohmühlenbrücke im Norden mit dem Teltowkanal sowie dem Britzer Verbindungskanal am Hafen Britz-Ost im Süden verbindet.

Dort, wo der Landwehrkanal einen großen Knick nach Süden macht, begannen am 20. Januar 1902 die Erdarbeiten für einen 1,9 Kilometer langen Stichkanal, der bis zur Ringbahn reichte. Planung und Leitung lag in den Händen von Stadtbaurat Hermann Weigand. Damit schloss man das zeitgleich errichtete Gaswerk an. Es lag zwischen dem neuen Stichkanal, der Ringbahn, der Ederstraße und der Sonnenallee. Hier produzierte man von 1903 bis 1966 Stadtgas. Die Anlagen wurden bis 1970 abgerissen.

Beim Kanalbau folgte man dem jahrhundertealten »Schlangengraben«, im 19. Jahrhundert »Wiesengraben« genannt, der bereits als Entwässerungsgraben in den späteren Landwehrkanal mündete. Nach gut zwei Jahren Bauzeit war der Rixdorfer Stichkanal im April 1904 fertig. In den Jahren 1912/13 folgte die Verlängerung zum Teltowkanal. Die gesamte Wasserstraße wurde am 23. Mai 1914 als Neuköllner Schifffahrtskanal eröffnet.

Auf ihm transportierte man hauptsächlich Kohlen für das Gaswerk sowie Baumaterialien für den Wohnungsbau. Neben einigen befahrbaren Brücken über den neuen Kanal entstand der Elsensteig 1905, worüber die *Berliner Volks-Zeitung* am 23. August 1905 berichtete (Abendblatt, Seite 2): »Aus den Vororten. Der Bau einer fünften Brücke über den Rixdorfer Schifffahrtskanal ist gestern begonnen worden. Die Brücke, die lediglich dem Fußgängerverkehr dienen soll, liegt im Zuge der Innstraße. Sie wird drei Meter breit sein und einen Kostenaufwand von 12 000 Mark erfordern, wovon die Hälfte von den Anliegern beigesteuert wird. Die Ausführung der Brücke, die im November bereits dem Verkehr übergeben werden soll, ist der Monier- und Betongesellschaft in Berlin übertragen.«

SPREEPALAIS
zu Berlin

Friedrichsbrücke

Anstelle der Friedrichsbrücke stand einst die »Große Pomeranzenbrücke«. Der Name bezieht sich auf das Pomeranzenhaus, das Johann Gregor Memhardt 1652 im Lustgarten errichtete. Es stand dort, wo sich heute die James-Simon-Galerie befindet, und diente hauptsächlich der Unterbringung von Zitrusbäumchen in der kalten Jahreszeit. 1658 musste es dem Bau der Festungsanlagen weichen. Der zugehörige Festungsgraben verlief knapp südlich der heutigen Bodestraße, sodass der Spreekanal mit der Spree verbunden wurde. Der Verkehr zum nun abgeschnittenen Lustgarten erfolgte über die »Kleine Pomeranzenbrücke«. Der Festungsgraben wurde um 1820 wieder zugeschüttet und dort 1830 das Alte Museum eröffnet.

Johann Arnold Nering baute anstelle der heutigen Alten Nationalgalerie 1685 ein neues Pomeranzenhaus. Die Halbkreisform ermöglichte eine optimale Nutzung der Sonneneinstrahlung. Als die Pflanzen ab etwa 1712 in die neue Orangerie am Schloss Charlottenburg umzogen, wurde aus dem alten Pomeranzenhaus ein Warenlager. Es ist 1866 abgerissen worden. An gleicher Stelle errichtete man zwischen 1867 und 1876 die Alte Nationalgalerie.

Die mehrfeldrige hölzerne Pomeranzenbrücke von 1719 wurde 1769 nach Plänen von Georg Friedrich von Boumann durch eine Backsteinbrücke mit sechs Gewölben und einem mittleren aufklappbaren Brückenteil ersetzt. 1792 erhielt sie ihren heutigen Namen.

Nach zwei Umbauten entstand 1891–94 durch Otto Stahn ein völliger Neubau auf drei Bögen. Figuren fungierten als Lampenhalter, den Brückenaufgang zierten beidseitig Obelisken mit großen Adlern.

Um den Vormarsch der Roten Armee zu behindern, wurde das Mittelteil 1945 gesprengt. 1950/51 entstand eine provisorische Brücke, bevor 1981/82 die heutige Spannbetonkonstruktion nach Plänen von Rolf Ricken unter Nutzung alter Bauteile neu gebaut

wurde. Sie ist für den Fahrzeugverkehr gesperrt. Bei der Grundinstandsetzung 2012–14 wurde die Brücke verbreitert und die Natursandsteinelemente der Balustraden sowie die Obelisken restauriert.

Gerickesteig

Die Fußgängerbrücke Gerickesteg überquert die Spree rechtwinklig zwischen Helgoländer und Holsteiner Ufer in Höhe Calvinstraße. An Ende dieser Straße lag einst die Wulwelanke, ein kleiner versandeter Nebenarm der Spree, der 1901 wegen der Durchlegung des Helgoländer Ufers verschwand. Gegenüber liegt der am 7. Februar 1882 eröffnete Stadtbahnhof Bellevue. In der direkt östlich anschließenden Bahnbrücke über die Spree war ursprünglich eine privat finanzierte Fußgängerüberführung in Mittellage integriert. Ein Umbau der Stadtbahnüberführung 1917/18 schloss eine weitere Nutzung für Fußgänger aus. Daher hatte man schon im Oktober 1913 mit dem Bau einer Ersatzbrücke etwas weiter nördlich begonnen, die Bruno Möhring entworfen hatte. Sie hieß zunächst Bellevuesteg, kostete 133 000 Mark und wurde am 30. Januar 1915 eröffnet.

Um die Schifffahrt nicht zu behindern, hatte man trotz einer Spannweite von 52 Metern auf Zwischenstützen verzichtet. Die Brücke wird durch einen Parabeldoppelbogen gehalten, der fünf Meter breite Gang mit zierlichem Geländer war mit Eisenbeton ausgelegt. Dorthin gelangt man beiderseits über große Treppen, die ebenso wie die Widerlager aus Beton gefertigt, jedoch mit Dolomitporphyr und Granit verkleidet sind. Auf allen vier Brückenpfeilern standen riesige Laternen auf Granitsäulen, die Georg Roch und Hermann Feuerhahn mit plastischem Sandsteinschmuck verzierten. Es handelte sich um acht monumentale Masken aus der ägyptischen und antiken Mythologie.

Am 31. Mai 1920 wurde die Brücke nach dem Kaufmann und Stadtverordneten Wilhelm Gericke benannt.

Am Ende des Zweiten Weltkriegs wurde die Brücke gesprengt. Dabei versank das südliche Ende in der Spree, blieb aber intakt und konnte 1947 gehoben werden. 1949/50 stellte man die Brücke vereinfacht wieder her. Pfeiler und Bauschmuck sind verschwunden, die Laternen ersetzte man durch schlichte Leuchten. Dennoch wirkt das Bauwerk durch seine Freitreppen und filigrane Form elegant und ansprechend.

Gertraudenbrücke

Die heutige Gertraudenbrücke am Spittelmarkt verbindet die Leipziger mit der Gertraudenstraße über den Spreekanal hinweg. Als Teil der Bundesstraße 1 ist sie eine Hauptverkehrsstraße, weshalb knapp südlich der alten Brücke 1977/78 eine schmucklose Stahlträger-Autobrücke erbaut wurde. Seither ist die alte Brücke den Fußgängern vorbehalten, die über Treppen und Uferwege unter der neuen Brücke gefahrlos die Straßenseite wechseln können.

Die älteste Kanalüberquerung an dieser Stelle war eine hölzerne Zugbrücke, die mit Gründung der Stadt Cölln im späten 13. Jahrhundert entstand. Da sie auf das Teltower Stadttor zuführte, hieß sie zunächst Teltower Brücke. Von hier kam man über die Gertraudenstraße zum Mühlendamm am Hauptarm der Spree, um von dort nach Berlin zu gelangen.

1405 wurde das St.-Gertrauden-Stift samt Kapelle, Kirchhof und Hospital auf der cöllnischen Feldmark vor den Stadtmauern gegründet. Es war der heiligen Gertrud geweiht und stand am heutigen Spittelmarkt, woher der Platz seinen Namen hat (Hospital – Spital – Spittel). Aus der Teltower Brücke und dem Teltower Tor wurden später die Gertraudenbrücke und das Gertraudentor. Das Hospital wurde 1872 abgerissen, die Kirche 1881. Die Knochen aus den Gräbern des ehemaligen Kirchhofes traten 1907 beim U-Bahnbau zutage.

Nach Memhardts Grundrissplan von 1652 gelangte man über eine Brücke nach Cölln, die auf eine langgestreckte, schmale Insel führte, auf der ein rundes Gebäude stand. Von dort führte eine zweite Brücke direkt zum Tor in der Stadtmauer.

Mit dem Bau der Festungsanlagen zwischen 1658 und 1683 geriet die Gertraudenbrücke ins Abseits, weil die Straßenführung etwas nach Norden verlegt worden war. Das überflüssige Gertraudentor wurde abgerissen. Das Gertraudenspital wurde samt Kirche und Friedhof in die Festung einbezogen, indem die Bastion IV darum herum gebaut wurde. Man sprach auch vom Gertrautischen Bollwerk oder von der St.-Gertruden-Bastion.

Nun überquerte man den neuen Festungsgraben über eine Zugbrücke, erreichte das 1683 erbaute Leipziger Tor und kam über die Alte Leipziger Straße, →Jungfernbrücke, Spree- und Neumannsgasse zur Breiten Straße. Diese Trasse ist heute teilweise überbaut, der Festungsgraben wurde nach und nach wieder zugeschüttet.

Zwischen 1737 und 1739 ließ Berlins Oberbaudirektor Titus de Favre anstelle der alten Gertraudenbrücke eine neue, 8,50 Meter

breite Zug- und Klappbrücke aus Holz errichten und die Brückenauffahrt erhöhen. Der Bau kostete – ohne Materialien – 1950 Reichstaler.

Dem zunehmenden Kutsch- und Pferdebahnverkehr versuchte das Brückenbauamt um 1878/1879 durch den Anbau je drei Meter breiter eiserner Fußstege und einer Klappenverstärkung zu begegnen. 1890 wird ein Stundendurchsatz von 70 Wagen der Pferdebahnlinien angegeben.

Letztlich wurde der Neubau einer breiteren und massiven Brücke nötig. Baumeister Otto Stahn entwarf die Pläne für die heute noch bestehende Brücke, die 1894/95 errichtet wurde. Das Gewölbe und die Verkleidung der Ansichtsflächen bestehen aus dunkelgraubrauner rheinischer Basaltlava.

Von Rudolf Siemering stammt die drei Meter hohe bronzene Skulptur der heiligen Gertrud, die seit 1896 mittig auf der nördlichen Brüstung steht. Sie wurde in vier Teilen in Lauchhammer gegossen und erinnert an das St.-Gertrauden-Stift. In mittelalterliche Gewänder gekleidet, reicht sie einem Wanderer einen Trunk. Die Äbtissin des belgischen Klosters Nivelles aus dem 7. Jahrhundert gilt auch als Schutzpatronin der Krankenhäuser, der Reisenden, Pilger, Gärtner, der Gefangenen, Armen und Witwen und hilft auch gegen Mäuse- und Rattenplagen. Außerdem soll sie die Ur-Ur-Großtante von Karl dem Großen gewesen sein. Sie starb 659 im Alter von 33 Jahren. Die gegossene Inschrift lautet: »Hei, wie das Naß / Durch die Kehle rinnt / Und der Bursche mit eins / Wieder Mut gewinnt / Nun dankt er laut / Dir, heilige Gertraud / Ratten und Mäusgezücht / Machst du zunicht / Aber den Armen im Land / Reichst du die Hand.«

Gegen Ende des Zweiten Weltkrieges ließ die Stadt die Bronzeskulptur abbauen, weil sie zu Kriegsgerät umgeschmolzen werden sollte. Der Bronzegießer Hans Füssel mauerte die Figur in einem Keller ein und bewahrte sie so vor der Vernichtung. 1954 kam die Figur an ihren alten Platz zurück.

Die Brüstung des Brückengeländers weist neben der Figur zwei mal vier spitzbogige Durchbrüche und auf der gegenüberliegenden Seite elf auf, in denen sich geschmiedete Blumen und Pflanzen befinden.

Die Neue Gertraudenbrücke muss ab 2025 abgerissen werden, weil eine Sanierung des Brückenbauwerks aufgrund der gravierenden vorhandenen Schäden am Tragwerk nicht möglich ist. In Zusammenhang mit dem »Planwerk Innenstadt«, die eine langfristige Wiederherstellung der historischen Mitte Berlins zum Ziel hat, soll die Straßenbrücke durch einen schmaleren Neubau ersetzt werden. Über sie soll ab 2028 die Straßenbahn vom Alexanderplatz zum Potsdamer Platz rollen. Die Alte Gertraudenbrücke bleibt erhalten, weil sie unter Denkmalschutz steht.

Potsdam

Glienicker Brücke

Bereits 1663 war an dieser Stelle erstmals eine schmale hölzerne Pfahlbrücke mit Klappe über die Havel errichtet worden. Sie war bis 1754 dem Adel als Verbindung zwischen den Potsdamer Schlössern und den Jagdgründen auf der anderen Havelseite vorbehalten. 1777 ersetzte eine neue hölzerne Zugbrücke den Vorgängerbau.

Seit 1792 führte die erste preußische Chaussee über diese Brücke (heute Bundesstraße 1). Nach Einführung der Gewerbefreiheit (1810) und dank eines neuen Zollgesetzes (1818) war sie für den zunehmenden Verkehr unzureichend. Karl Friedrich Schinkel bekam den Auftrag, einen massiven Neubau zu errichten. Er entwarf eine Brücke aus roten Backsteinen mit elf steinernen Bögen und einem Durchlass für den Schiffsverkehr mit zwei gegeneinanderschlagenden Zugklappen in der Mitte. Die Bauarbeiten begannen am 8. August 1831. Am 30. September 1834 wurde die Brücke mit einem Festakt in Anwesenheit der russischen Zarin Alexandra Feodorowna (geb. Charlotte Prinzessin von Preußen) eingeweiht.

Zwischen 1835 und 1837 errichtete Schinkel im Glienicker Schlossgarten kurz vor der Brücke die »Große Neugierde«. Von dieser Rotunde hatte man einst einen Ausblick auf die Brücke und die Havellandschaft. Diese Sichtachse ging verloren, weil man den Rundtempel wegen einer Straßenverbreiterung 1938 um einige Meter versetzen musste.

Doch Schinkels Brücke war sieben Jahrzehnte später den täglich mehreren Hundert Fuhrwerken und Automobilen sowie der zunehmenden Binnenschifffahrt nicht mehr gewachsen. 1905 begann der Bau als Kaiser-Friedrich-Brücke durch die Duisburger Firma Harkort nach Plänen von Eduard Fürstenau. Die hängebrückenartige Fachwerkkonstruktion über drei Felder ist 128 Meter lang, war fast 22 Meter breit und ruht auf zwei Strompfeilerpaaren. Die offizielle Eröffnung fand am 16. November 1907 statt. Die vier Brückenposten schmücken steinerne Kentauren (Fabelwesen) des Bildhauers Stephan Walter, von denen kriegsbedingt nur die östlichen erhalten sind. Auf der Potsdamer Seite wird die Zufahrt zur Brücke von zwei aus Sandstein errichteten Kolonnaden mit neubarockem Schmuck flankiert. Die Säulen sind von Vasen, Figuren und Obelisken bekrönt.

1944/45 wurden hier einige Szenen von Helmut Käutners UFA-Streifen *Unter den Brücken* gedreht. Im April 1945 wurden von der deutschen Wehrmacht an der Brücke angebrachte Sprengladungen durch den Beschuss sowjetischer Panzer teilweise ausgelöst. Die Brücke knickte ein, wurde jedoch 1947–49 wieder gehoben. In diesem Zusammenhang reduzierte man die Breite auf 17 Meter. Am 19. Dezember 1949 konnte die Brücke wieder für den Verkehr freigegeben werden. Die brandenburgische Landesregierung nannte sie vom selben Tag an »Brücke der Einheit«. Nach dem Mauerbau 1961 wurde auf West-Berliner Seite ein Schild mit folgender Inschrift aufgestellt: »Glienicker Brücke. Die ihr den Namen ›Brücke der Einheit‹ gaben, bauten auch die Mauer, zogen Stacheldraht, schufen Todesstreifen u. verhindern so die Einheit.« Der Name wurde erst am 9. Februar 1990 von Potsdamer Seite wieder getilgt. Die Amerikaner nutzten ohnehin die Bezeichnung »Freedom Bridge«. Aber schon seit dem 26. Mai 1952 war sie ausschließlich für den Verkehr der Alliierten von und nach Potsdam geöffnet.

Am 11. März 1988 durchbrachen drei junge Männer nachts mit einem LKW die Grenzsperren auf der Glienicker Brücke. In einem Bericht des Ministeriums für Staatssicherheit heißt es: »Um 1.58 Uhr nähert sich ein LKW Typ ›W 50‹ mit hoher Geschwindigkeit der Glienicker Brücke, täuscht zunächst durch Betätigung der Blinkanlage ein Abbiegen vor der Brücke nach links vor, fuhr jedoch geradeaus weiter und durchbrach in der Folge alle vier auf der Glienicker Brücke befindlichen Sperrelemente …« (zit. nach Strehlow, S. 69).

Bis zu diesem Zeitpunkt waren bereits 25 Fluchtversuche auf der Glienicker Brücke gescheitert.

Erst im Zusammenhang mit dem Fall der Mauer wurde die Brücke am 10. November 1989 um 18.00 Uhr wieder für den unbeschränkten Verkehr geöffnet.

Weltbekannt wurde die Brücke durch den Austausch von Spionen und die Entlassung von Dissidenten in den Westen, denn quer über die Brückenmitte verlief die Grenze zwischen West-Berlin und der DDR. Am 10. Februar 1962 tauschte man einen Agenten, der in den USA für den KGB spioniert hatte, gegen einen abgeschossenen US-Piloten aus. Am 11. Juni 1985 wurden vier hochrangige sowjetische Spione gegen 23 weniger bedeutende Agenten der USA getauscht. Die letzte Aktion fand am 11. Februar 1986 statt, als vier Personen aus dem Osten gegen fünf aus dem Westen ausgetauscht wurden, darunter ein Bürgerrechtler. Den Austausch von 1962 verfilmte Steven Spielberg 2015 u. a. auf der Originalbrücke unter dem Titel *Bridge of Spies* (deutsch: *Der Unterhändler*). In dem Film wirken u. a. Tom Hanks und Sebastian Koch mit.

Die heutige Brücke gehört zu der von der UNESCO zum Weltkulturerbe erklärten Potsdamer Kulturlandschaft.

Gotzkowskybrücke

Der Ortsteil Moabit ist, einer Insel ähnlich, von der Spree, dem Charlottenburger Verbindungskanal, dem Westhafenkanal und dem Berlin-Spandauer Schifffahrtskanal umgeben. Auf diese »Insel« führen fünf Eisenbahn- und 19 Straßenbrücken. Eine von ihnen ist die denkmalgeschützte Gotzkowskybrücke über die Spree, die hier einen großen Bogen macht. Den Namen hat die Brücke von der von Norden kommenden Gotzkowskystraße. Der Namenspatron Johann Ernst Gotzkowsky († 1775) begründete die spätere Königliche Porzellan-Manufaktur Berlin. Seine Grabstätte auf dem Nikolai- und Marienfriedhof in der Keibelstraße ging mit Schließung des Friedhofes 1802 verloren.

Ursprünglich verkehrte auf der Spree eine Fähre, um die Arbeiter zu den Fabriken zu bringen (z. B. die Maschinenfabriken von Freud und Borsig, Porzellanmanufakturen). Zwischen 1886 und 1888 entstand eine erste hölzerne Jochbrücke mit festem Überbau. Sie wurde 1910–11 durch eine Konstruktion aus 13 eisernen Bogenträgern mit einer Stützweite von 56 Metern ersetzt, die Stadtbaurat Friedrich Krause entworfen hatte. Von beiden Uferseiten führen je zwei Hauptstraßen auf die Brücke zu, östlich die Gotzkowsky- und die Levetzowstraße, westlich die Helmholtz- und die Franklinstraße.

Die Widerlager sind mit Muschelkalk verkleidet. Aus diesem Material besteht auch der Brückenschmuck: Die im Jugendstil gearbeiteten Tierskulpturen, die auf drei Eckpfeilern der Brücke sitzen, schuf der Bildhauer Walther Schmarje. Auf Charlottenburger Seite erkennt man zwei fischschwänzige Widder und auf Moabiter Seite einen Stier, alle in liegender Position. Die damalige Grenze zwischen Berlin und der noch selbstständigen Stadt Charlottenburg wird symbolisiert durch einen Schmuckbogen an der südöstlichen Seite der Brücke, der an ein Stadttor erinnert. Er wurde von Alfred Grenander geschaffen und ist mit Reliefs von Bären und Nixen sowie Blumenornamenten verziert. Das gusseiserne Geländer zeigt geometrisch angeordnete Rauten- und Kugelornamente.

DB
NKOW
L. 39,60 m Pers. 250
B. 5,08 m
05604060
ZÜBLIN

Gustav-Heinemann-Brücke

Die Gustav-Heinemann-Brücke ist eine Fußgängerbrücke über die Spree und verbindet das südliche Ludwig-Erhard-Ufer mit der nördlichen Spreepromenade an der Rahel-Hirsch-Straße am Berliner Hauptbahnhof. Während der Bahnhof erst kurz vor der Fußballweltmeisterschaft am 26. Mai 2006 in Betrieb ging, wurde die Brücke schon am 30. Juni 2005 zusammen mit dem sechs Hektar großen Spreebogenpark gegenüber dem Hauptbahnhof eröffnet. Die kleine Feier fand in Anwesenheit von Christina Rau statt. Sie war Gattin des ehemaligen Bundespräsidenten Johannes Rau und Enkelin des Namensgebers Gustav Heinemann, der von 1969 bis 1974 dritter Bundespräsident war.

Für die Brücke wurde ein Wettbewerb ausgelobt, den der Schweizer Architekt Max Dudler gewann. Die Tragwerksplanung führte das Ingenieurbüro Grassl aus. Der Fußgängersteg besteht aus zwei seitlichen sogenannten Vierendeelträgern. Darunter versteht man einen Träger aus zusammenhängenden Viereck-Rahmen, die je von vier Stäben gebildet werden, ohne dass es Diagonalen gibt. Die Brücke, die auf zwei Betonpfeilern an den Ufern abgestützt ist, wurde in nur sieben Monaten erbaut. Ein Schwimmkran hob die vorgefertigte Konstruktion vom Ufer in die vorgesehene Position. Sie besitzt eine Gesamtlänge von 88 Metern und ist fünf Meter breit. Den Brückenbelag bilden aufgenietete Holzbohlen, während das Geländer aus Stahlträgern besteht, zwischen denen waagerechte Metallstreben verlaufen. Insgesamt wurden 220 Tonnen Holz und Stahl verbaut.

Unter der Brücke und unter der Spree verlaufen die Tunnel der Bundesstraße 96 und die Gleise der Bahn zu den unterirdischen Bahnsteigen des Kreuzungsbahnhofes.

Die Brücke schafft mit ihrer exakten Nord-Süd-Ausrichtung eine Verbindung zwischen Bahnhof und Parlaments- und Regierungsviertel. Für die optische Wirkung hat man den Überbau leicht überhöht, was der Brücke eine schlichte Eleganz verleiht. Direkt daneben befinden sich an beiden Ufern Flussstrände, die im Sommer bevölkert sind.

NHS
2010

Hallesche-Tor-Brücke

Die Hallesche-Tor-Brücke dient als Fußgänger- und Straßenbrücke zur Überquerung des Landwehrkanals. Sie verbindet die Uferstraßen zu beiden Seiten des Kanals, Fußgänger gelangen vom Mehring- zum Blücherplatz.

Bereits ab 1705 führte eine Holzbrücke über den ehemaligen Schafgraben. Rund drei Jahrzehnte später begann nahe der Brücke der Bau der Akzisemauer, deren Stadttor Richtung der Stadt Halle ging. Der Ausbau des Grabens zu einem schiffbaren Kanal erforderte 1850 den Bau einer hölzernen Klappbrücke, die bereits Hallesche-Tor-Brücke hieß. Sie wurde 1874–76 durch eine Korbbogenbrücke aus Ziegelmauerwerk ersetzt, für die Heinrich Strack die Entwürfe lieferte. Die Brücke wurde mit Sandstein verkleidet und erhielt eine Brüstung aus Meißner Granit mit vier quadratischen Postamenten. Darauf stellte man etwas später vier allegorische Figuren aus Tiroler Marmor auf, die zwei bis drei Meter groß sind: »Flussschifffahrt« von dem Bildhauer Otto Geyer, »Fischfang« von Julius Moser, »Gewerbefleiß« von Eduard Lürssen und »Fruchthandel« von Friedrich Reusch. Auf beiden Seiten schmückten vier Medaillons mit Motiven zu Handel und Industrie die seitlichen Brückenbögen. Sie sind nicht erhalten. In der Gewölbemitte befand sich je ein als Neptunkopf gestalteter Schlussstein.

Die seinerzeit mit 33,60 Metern breiteste Brücke Berlins hieß nun nach der auf sie zuführenden gleichnamigen Straße Belle-Alliance-Brücke. Seit 1974 heißt sie wieder Hallesche-Tor-Brücke.

Die 1902 eröffnete Hochbahn ruinierte das schöne Brückenbauwerk, zwei Figuren wurden zwischenzeitlich entfernt. Die Hochbahnstation Hallesches Tor wird seit 1923/24 unterirdisch von der heutigen U6 gekreuzt, was aufwendige Sicherungsarbeiten an den Brückenfundamenten nötig machte.

Die im Zweiten Weltkrieg schwer beschädigte Brücke wurde 1953 rekonstruiert. Die Figuren »Fischfang« und »Schifffahrt« kehrten 1989 auf die Brücke zurück. Die Skulptur »Fruchthandel« wurde kriegsbedingt zerstört, der »Gewerbefleiß« ist verschollen.

Herkulesbrücke

Da der südliche Tiergartenrand einst ein beliebtes Ausflugsziel war, gab es hier etliche Lokale und einige Brücken über den 1850 fertiggestellten Landwehrkanal. In Höhe des heutigen Lützowplatzes entstand zunächst eine hölzerne Klappbrücke, die zuerst Moritzhofbrücke, später Albrechtshofer Brücke hieß. Es sind die Namen zweier Ausflugslokale, die in der Gegend der Von-der-Heydt-Straße ihre Gäste bewirteten. Als in den 1870er-/80er-Jahren überall in der Gegend hochherrschaftliche Mietshäuser errichtet wurden, entstand 1889/90 eine neue Brücke in Steingewölbekonstruktion.

Die Geländer schmückte man ab 1891 in der Mitte mit zwei Sandsteinfiguren. Sie zeigen Herkules im Kampf mit dem Löwen bzw. mit dem Kentauren (mythologisches Mischwesen Pferd-Mensch). Auf den vier Pfeilern an den Brückenenden lagerte je eine Sphinx mit kandelaberhaltender Putte. Die Figurengruppe war bereits 1787 von Johann Gottfried Schadow entworfen und 1790/91 von dem Bildhauer Conrad Boy gefertigt worden. Ihr ursprünglicher Standort war die alte Herkulesbrücke am Hackeschen Markt. Sie wurde um 1788 von Carl Gotthard Langhans erbaut, ersetzte die hölzerne Neue Friedrichsbrücke von 1749 und überquerte in Höhe der heutigen Bahntrasse den Königsgraben. Der Volksmund sprach wegen der Figuren bald von der Herkulesbrücke.

Als 1875 der Bau der Stadtbahn begann, schüttete man den Königsgraben zu, um darauf die Viadukte für die Bahntrasse zu mauern. Die nun nutzlose Herkulesbrücke wurde abgerissen, die Figuren abgebaut. Als in Tiergarten eine neue Brücke über den Landwehrkanal entstand, verbrachte man die Figuren dorthin. Sie wurden 1935 durch Kopien ersetzt, doch gingen Kopien und Originale kriegsbedingt verloren. Nur die Gruppe mit Herkules und dem Löwen blieb erhalten. Sie steht heute restauriert im Köllnischen Park am Märkischen Museum. Die heutige schmucklose zweiteilige Herkulesbrücke im Zuge der Klingelhöfer- und Schillstraße wurde 1950 (östlicher Teil) und 1963/64 errichtet.

Hiroshimasteg

Der Hiroshimasteg ist eine Fußgängerbrücke über den Landwehrkanal und verbindet das Lützowufer mit dem Reichpietschufer. Nach Plänen von Stadtbau-Inspektor Paul Gottheiner war bereits 1883/84 eine erste Fußgängerbrücke in Höhe der heutigen Hiroshimastraße errichtet worden. Die Träger bestanden aus zwei schmiedeeisernen Bögen, für den Belag wurden Eichenbohlen verwendet. Widerlager, Gesimse und das Geländer der Landpfeiler fertigte man aus Sandstein. Am 5. Dezember 1885 erhielt die Brücke den Namen Lützowbrücke.

Am 7. Dezember 1933 benannten die NS-Machthaber die Hohenzollernstraße im Diplomatenviertel in Graf-Spee-Straße um. Da diese Straße vor der Lützowbrücke endete, wurde auch sie in Graf-Spee-Brücke umbenannt. Maximilian Reichsgraf von Spee war ein deutscher Marineoffizier, dessen Schiff im Dezember 1914 versenkt wurde. Die räumliche Nähe zum 1914 eröffneten Reichsmarineamt (Reichpietschufer 72–76, heute Verteidigungsministerium) dürfte die Umbenennung gerade dieser Straße und Brücke erklären.

Die Brücke wurde im Zweiten Weltkrieg zerstört und zunächst nicht wiederaufgebaut.

Anlässlich der Internationalen Bauausstellung (IBA) war das südliche Tiergartenviertel eines der »Demonstrationsgebiete«. In diesem Zusammenhang sollte die Brücke neu erbaut werden. Es entstand eine einbogige Stahlkonstruktion, die durch Feuerverzinkung und Beschichtung vor Korrosion geschützt ist. Der Belag besteht wieder aus Holz. Sie lehnt sich in ihrer Gestaltung an den ersten Fußgängersteg an. Die 36 Meter lange und drei Meter breite Brücke wurde am 11. September 1987 eröffnet und hieß zunächst wieder Graf-Spee-Brücke. Am 1. September 1990 wurde die Graf-Spee-Straße in Hiroshimastraße umbenannt. Dort stand die frühere und heutige japanische Botschaft, die seinerzeit ein deutsch-japanisches Zentrum war. In diesem Zusammenhang wurde auch die Brücke später in Hiroshimasteg umbenannt. Damit sollte der Opfer des Atombombenangriffs auf die japanische Stadt 1945 gedacht werden.

Jannowitzbrücke

Jannowitzbrücke

Die Jannowitzbrücke überspannt die Spree, kurz bevor sich der Fluss in den Hauptarm (Mühlendammschleuse) und den Spreekanal teilt. Sie verbindet die Alexanderstraße mit der Brückenstraße. Hier kreuzen sich vier Verkehrswege auf unterschiedlich hohen Ebenen: die U-Bahn, die Spree, die Brücke und das Stadtbahnviadukt.

Die erste Jannowitzbrücke ging auf Initiative des Berliner Baumwollfabrikanten Christian August Jannowitz zurück. Er gründete eine Brückenbau-Aktiengesellschaft, die den Bau einer hölzernen Jochbrücke mit Klappendurchlass finanzierte. Jannowitz hatte sich zudem vertraglich bestätigen lassen, dass der Fiskus für die Instandhaltung der Brücke zu sorgen hatte. Wer die Brücke benutzen wollte, musste ein »Brückgeld« entrichten: Fünf Pfennige für Fußgänger, zehn Pfennige für Pferdefuhrwerke. Im Volksmund hieß die Brücke deshalb »Janovenbrücke«, aber man sprach auch von »Sechserbrücke«. Das königliche Herrscherhaus, Militär, Polizei und Feuerwehr waren vom Brückenzoll befreit. Die Brücke war täglich von 4.00 Uhr bis Mitternacht geöffnet, im Sommer schon ab 3.00 Uhr. Sie wurde nach einem halben Jahr Bauzeit am 29. September 1822 eröffnet.

Etwa 1831/34 übernahm der Fiskus die Brücke, behielt aber den Brückenzoll bis zum 1. Oktober 1840 bei. Seit dem 8. Mai 1825 hieß die Brücke amtlich »Jannowitzbrücke«.

Weil die alte Holzbrücke unzureichend und marode geworden war und außerdem knapp nördlich der Brücke das Stadtbahnviadukt entstand, wurde ein Brückenneubau erforderlich. Er musste einerseits für den Schiffsverkehr hoch genug, andererseits für den Verkehr unter der Bahnbrücke niedrig genug sein. So entstand zwischen 1881 und 1883 eine schmiedeeiserne Eisenfachwerkbrücke mit drei Stromöffnungen mit einer Breite von 18 bis 21 Metern. Die beiden

Pfeiler erhielten eine Verkleidung aus Harzer Granit. Die 83 Meter lange Brücke wurde am 12. Mai 1883 eröffnet und von acht dreiarmigen Bronzekandelabern beleuchtet.

Direkt nordöstlich der Brücke ging am 7. Februar 1882 eine Stadtbahnstation in Betrieb, die seither »Jannowitzbrücke« heißt. Mit der Elektrifizierung der S-Bahn wurde der Bahnhof abgerissen und von 1927 bis 1932 nach Plänen des Architekten Hugo Röttcher in seiner heutigen Form neu erbaut.

Als in den 1920er-Jahren zusätzlich eine U-Bahnstrecke unter der Brücke geplant wurde, stellte sich heraus, dass die vorhandene Konstruktion für eine Untertunnelung nicht tragfähig war. So musste die erst 44 Jahre alte Brücke ab 1927 demontiert und verschrottet werden. Während der Bauarbeiten waren komplizierte Behelfs- und Abfangkonstruktionen nötig.

Der U-Bahnhof, der ebenfalls nach der Brücke benannt wurde, ging auf dem Abschnitt Heinrich-Heine-Straße (bis 1960 Neanderstraße) – Alexanderplatz am 18. April 1930 in Betrieb (heute U8). Zum gleichnamigen S-Bahnhof ergab sich nun eine Umsteigemöglichkeit.

Die dritte Jannowitzbrücke, eine stählerne Bogenfachwerkbrücke mit abgehängter Fahrbahn, wurde 1932 eröffnet. Sie war 36,8 Meter breit, 72 Meter lang und benötigte keine Zwischenpfeiler im Flussbett mehr.

Doch diese Brücke bestand nur 13 Jahre. Um den Vormarsch der Roten Armee ins Berliner Stadtzentrum zu behindern, wurde die Brücke im Frühjahr 1945 gesprengt. Die Trümmer stürzten in die Spree und hätten fast den U-Bahntunnel durchschlagen. Nach Bergung der Trümmer und Verschrottung der Reste begann 1952 der Bau der vierten Jannowitzbrücke als Stahlbalken-Deckbrücke. Um den darunter verlaufenden U-Bahntunnel lastfrei zu überbrücken, musste ein Strompfeiler neu errichtet werden. Die neue Brücke wurde am 21. Dezember 1954 eingeweiht.

Rund 200 Meter westlich der Jannowitzbrücke verlief die Waisenbrücke, die nach ihrer kriegsbedingten Zerstörung nicht wieder aufgebaut wurde. Deren Verkehr musste die neue Brücke nun zusätzlich übernehmen.

Mit der Abriegelung der Sektorengrenze am 13. August 1961 wurde der U-Bahnhof Jannowitzbrücke geschlossen. Die Züge der West-Berliner U-Bahn mussten diese Station ohne Halt durchfahren. Erst kurz nach dem Mauerfall öffnete die DDR den U-Bahnhof am 11. November 1989 als Grenzübergangsstelle im Zwischengeschoss.

Am südlichen Ende der Brücke steht die Botschaft der Volksrepublik China. Das Gebäude war ursprünglich 1988 nach Plänen von Norbert Schmidt und Jens Ebert als Sitz des Bundesvorstandes des FDGB errichtet worden. Nach der politischen Wende und der Abwicklung des DDR-Gewerkschaftsbundes wurde das Haus von 1992 bis 1998 als »Berliner Congress Center« betrieben, dem ein 270-Betten-Hotel angeschlossen war. China kaufte das Gebäude 1999 für 14 Millionen Euro, ließ es vom Büro Novoty & Mähner umbauen und eröffnete hier am 9. November 2001 die Botschaft. Eine Fassade aus silbernen Aluminiumplatten macht das Gebäude zum Blickfang. Der Platz davor ist heute durch einen Hochsicherheitszaun abgetrennt. Zwei schwarze Löwen auf weißen Sockeln flankieren den Haupteingang.

Gegenüber wurde zwischen 1994 und 1997 das Jannowitz-Center errichtet, ein Gebäude mit Einzelhandelsgeschäften und Büros.

Jungfernbrücke

Die Jungfernbrücke ist die letzte von einst neun baugleichen Zugbrücken, die über den Spreekanal und Kupfergraben führten. Über sie lief der Verkehr von der einstigen Alten Leipziger Straße in Friedrichswerder nach Cölln. Hier gab es Anschluss an die Straßen Friedrichsgracht/An der Schleuse, Am Mühlengraben (aufgehoben) und Spreestraße (seit 1931 Sperlingsgasse). Gegenüber entstand 1934–40 das neue Reichsbankgebäude (heute Auswärtiges Amt). Damit war die Alte Leipziger Straße zur Brücke hin abgeschnitten. Ebenso wurden den Alt-Berliner Straßen wie Holzgarten- und Adlerstraße sowie Raules Hof überbaut. Die Brücke verbindet heute die Friedrichsgracht mit der Ober- und Unterwasserstraße.

Bereits um 1688/89 war an gleicher Stelle die Spreegassenbrücke entstanden, eine Zugbrücke aus Holz, deren Baupläne vermutlich von Martin Grünberg stammen. 1798 konstruierte Oberhofbaurat Friedrich Becherer die heutige Brücke aus Holz und Eisen, wobei der Mittelteil weiterhin über Ketten und Räder angehoben werden konnte, um Schiffen mit hohen Aufbauten die Durchfahrt zu ermöglichen. Der Hauptarm der Spree war bis 1894 wegen des Mühlendamms für den Schiffsverkehr unpassierbar. Mit dem Schleusenbau im Jahre 1578 (südlich der heutigen →Schleusenbrücke) konnten nun alle Schiffe durch den Spreekanal fahren. Erst seit dem Neubau der Mühlendammschleuse 1936–42 wird er nicht mehr für die Schifffahrt genutzt. Deshalb legte man um 1938 den Kettenzug still, womit der Klappmechanismus außer Funktion gesetzt wurde. Die aufklappbaren Seitenteile tauschte man durch eine durchgehende Brückenfläche aus Stahlträgern mit Holzbohlenbelag. Die Rampen an der Brücke ersetzte man durch Treppen, sodass sie seither nur noch von Fußgängern genutzt werden kann.

Der Name der Brücke, der bereits 1690 erstmals belegt ist, soll auf unverheiratete Töchter zurückgehen, die ihre Handarbeiten auf der Brücke verkauften. Sie standen in dem Ruf, mit spitzer Zunge Klatsch und Tratsch zu verbreiten, weshalb kein Mann sie heiraten wollte.

Kaisersteg

Der Kaisersteg ist eine Fußgängerbrücke über die Spree zwischen Ober- und Niederschöneweide.

Der erste Kaisersteg wurde von der Grundrentengesellschaft Wilhelminenhof und der AEG gemeinsam erbaut. Die Elektrofirma eröffnete 1898 an der Wilhelminenhofstraße ein Kabelwerk, in dem zeitweilig 24 000 Arbeiter beschäftigt waren. Durch den Bau einer Brücke sollte sich der Weg der AEG-Arbeiter vom Bahnhof Schöneweide verkürzen, da sie nicht mehr Umwege über andere Brücken nehmen mussten. Die Terraingesellschaft konnte den Wert ihrer Grundstücke durch die Brücke steigern. Da das Ufer auf der Seite von Niederschöneweide bereits weitgehend bebaut war, kam nur ein Standort in Verlängerung der Hasselwerderstraße in Betracht. Allerdings war die Spree hier 175 Meter breit.

Der Bauingenieur Heinrich Müller-Breslau entwarf ein filigranes Eisenfachwerk. Die Mittelöffnung hatte eine Spannweite von 86 Metern. Am 1. Oktober 1898 wurde die Brücke unter dem Namen Kaisersteg eröffnet. Die AEG sorgte für die elektrische Beleuchtung.

Am 22. April 1945 sprengten Einheiten der SS den Kaisersteg, um die Rote Armee aufzuhalten. Die Brücke wurde vorerst nicht wieder aufgebaut.

Nach 1990 war die Privatisierung der Volkseigenen Betriebe weitgehend gescheitert, die Fabrikhallen standen leer. Um die Entwicklung dieses Gebietes zu fördern, wurde am 25. September 2007 nach zwei Jahren Bauzeit ein neuer Kaisersteg für Fußgänger und Radler für den Verkehr freigegeben. Die Schrägseilbrücke mit einer fünf Meter breiten Gehbahn ist 140 Meter lang. Der Pylon, an dem die Seile für die Brückensegmente eingehängt sind, ist 32 Meter hoch. Den Löwenanteil der Baukosten in Höhe von rund vier Millionen Euro zahlte die EU (Fonds für regionale Entwicklung).

In das 1992 geschlossene Kabelwerk Oberspree zog 2009 die Fachhochschule für Technik und Wirtschaft, im 1995 geschlossenen Transformatorenwerk der AEG etablierten sich das Kultur- und Technologiezentrum Rathenau und der Verein Industriesalon Schöneweide.

Kanzleramtssteg

Der nicht öffentlich zugängliche Kanzleramtssteg befindet sich zwischen →Lutherbrücke und →Moltkebrücke und verbindet das Bundeskanzleramt mit dem Kanzlerpark mit Hubschrauberlandeplatz am gegenüberliegenden Spreeufer.

Die Baulichkeiten sind Teil des sogenannten »Band des Bundes«, das Axel Schultes und Charlotte Frank in den 1990er-Jahren entwarfen. Es beginnt im Osten mit den zum Bundestag gehörigen Gebäuden Marie-Elisabeth-Lüders- und Paul-Löbe-Haus, einem nicht ausgeführten Bundesforum, dem Kanzleramt und dem Kanzlergarten. Alle Gebäude liegen in einer Bauflucht in Ost-West-Richtung. Das »Band des Bundes« überquert zweimal die Spree, die hier in einem Bogen fließt, und symbolisiert eine Art Klammer zwischen den beiden ehemals getrennten Stadthälften. Da die west-östliche Bauflucht eingehalten werden soll, überquert der Kanzleramtssteg die Spree nicht rechtwinklig, sondern diagonal. Der Verlauf orientiert sich an der nördlichen Baufluchtlinie. Die zusammen mit dem Kanzleramt 2001 fertiggestellte Brücke besteht aus einem oberen Fußgängerweg und einer unteren Fahrstraße. Der Fußgängerübergang geht auf der Parkseite in einen erhöhten Weg über, während die Fahrbahn nach links abschwenkt, kurz bevor sie das andere Ufer erreicht.

Im Zusammenhang mit einer Erweiterung des Kanzleramtes im Kanzlerpark ist entlang der südlichen Baufluchtlinie der Bau einer ebenfalls zweigeschossigen zweiten Brücke vorgesehen. Hier wird die untere Ebene der Öffentlichkeit zur Verfügung stehen. Da die Zahl der Mitarbeiter im Kanzleramt seit dem Einzug von 410 auf 750 gestiegen ist, werden 400 neue Büros benötigt. Als westlicher Abschluss des »Band des Bundes« soll bis 2028 ein sechsgeschossiger, hufeisenförmiger Neubau entstehen, der voraussichtlich 777 Millionen Euro kosten wird. Die ursprüngliche Landefläche für Hubschrauber im Park wird durch eine Landeplattform ersetzt. Der Neubau wird auch eine Amtswohnung für den Kanzler enthalten, die ihm nach dem Bundesministergesetz zusteht.

Kronprinzenbrücke

Die Kronprinzenbrücke überspannt die Spree und verbindet die Konrad-Adenauer-Straße im Parlamentsviertel mit vier Straßen am anderen Ufer.

In der Nähe der heutigen Brücke entstanden zu Beginn des 18. Jahrhunderts einige hölzerne Klappbrücken. Mit dem Bau der Akzisemauer in den Jahren 1734–1737 verlegte man den Unterbaum flussaufwärts, woran noch heute die Unterbaumstraße erinnert (→Oberbaumbrücke).

Zwischen 1877 und 1879 wurde eine schmiedeeiserne Fachwerkbogenbrücke mit drei Öffnungen und einer Breite von 22 Metern errichtet. Während die Fundamente aus Beton bestanden, fertigte man die Pfeiler und Widerlager aus Klinkermauerwerk, das teilweise mit Granit verkleidet wurde. Die Brücke zierten dreiarmige Kandelaber und ein kunstvoll geschmiedetes Geländer. An den Fluss- und Landpfeilern befanden sich Reliefs mit Handels- und Herkulesmotiven.

Die Brücke erlitt im Frühjahr 1945 schwere Kriegsschäden und wurde nur provisorisch wieder instand gesetzt. Seit dem Bau der Berliner Mauer 1961 war die Brücke gesperrt, weil der Bereich zwischen Stadtbahnviadukt und Spree zum Grenzgebiet geworden war. Die Brücke wurde schließlich 1972 abgerissen.

Nach dem Fall der Mauer lobte man im April 1991 einen internationalen Realisierungswettbewerb zum Wiederaufbau der Kronprinzenbrücke aus, bei dem der Entwurf des spanisch-schweizerischen Architekten Santiago Calatrava den ersten Preis erhielt. Es war der erste Brückenneubau über die ehemalige Sektorengrenze nach der politischen Wende.

Die neue Kronprinzenbrücke ist eine dreifeldrige Stahlkonstruktion mit einer Gesamtstützweite von 75,22 Metern, wobei die Hauptöffnung eine Stützweite von 44 Metern aufweist. Die Lasten werden über ein filigranes Rohrstahlwerk geleitet. Die 16 Brückenteile wurden größtenteils mit dem Schiff aus Belgien angeliefert, vor Ort zusammengeschweißt und 1996 schließlich in die endgültige Lage verschoben. Leider ist die elegante Brücke in den letzten Jahren zusehends verfallen.

Lange Brücke

Die Lange Brücke verbindet die Oberspreestraße (Spindlersfeld) mit der Müggelheimer Straße (Altstadt) über die Dahme hinweg.

Bereits im 15. Jahrhundert gab es hier eine Brücke, für deren Benutzung bis zum Jahre 1700 Brückenzoll zu zahlen war. Aus der Zeit um 1652 ist ein Kupferstich von Caspar Merian überliefert, der den Aufriss von Köpenick zeigt (Blickrichtung von West nach Ost). Die Lange Brücke ist hier als hölzerne Jochbrücke ohne Geländer zu sehen, die links vom Schloss Köpenick endet. Für die Passage der Schiffe gab es ein aufklappbares Mittelstück. An beiden Seiten befand sich jeweils ein Torhaus. Da die Brücke vermutlich 150 Meter lang war, lag der Name »Lange Brücke« nahe.

Ende des 19. Jahrhunderts erwies sich die Brücke für den Schiffs- und Straßenverkehr zunehmend als Verkehrshindernis, sodass ein Neubau nötig wurde. Der Potsdamer Wasserbauinspektor und Baurat Gustav Tolkmitt entwarf eine Brücke mit drei fast gleich großen Öffnungen. Sie war zehn Meter breit und nur noch 73 Meter lang. Durch Dammaufschüttungen auf beiden Seiten war sie kürzer als ihre Vorgängerin. Für den Bau verwendete man Klinker und Zementmörtel, was billiger war als eiserne Bogenträger. Im Sommer 1890 begannen die Gründungsarbeiten für die Pfeiler, die wegen einer mächtigen Schlammschicht bis in eine Tiefe von 14 Metern reichen. Hinzu kamen ein gusseisernes Geländer und hohe eiserne Brückenleuchten. 1892 war die Brücke fertiggestellt. Sie wurde 1933 verbreitert, eine beabsichtigte Sprengung jedoch 1945 verhindert.

Die Brücke wurde im Januar 1992 unter Denkmalschutz gestellt und zwischen 1995 und 1998 grundsaniert. In diesem Zusammenhang entstand 1995 an der Nordseite eine danebenliegende Stahl-Behelfsbrücke, weil die historische Brücke nicht den gesamten Verkehr aufnehmen konnte. Prüfungen der Tragwerkskonstruktion am historischen Altbau ergaben 2018 ein kritisches Stabilitätsniveau. Deshalb muss die Lange Brücke abgerissen und bis 2030 durch einen Neubau ersetzt werden.

HAUS LESSING

Lessingbrücke

Die Baugesellschaft »Am kleinen Thiergarten« ließ 1877/78 eine hölzerne Jochbrücke mit festem Überbau über die Spree schlagen. Damit sollte Moabit mit dem seit 1874 entstehenden Hansaviertel verbunden werden. Sie hieß zuerst Stromstraßenbrücke, erhielt jedoch im Mai 1879 den Namen des Dichters Gotthold Ephraim Lessing.

Die Brücke wurde im Oktober 1901 abgerissen und zwischen 1902 und 1904 durch einen Neubau ersetzt. Der Ingenieur Friedrich Krause (Tiefbau) und der Architekt und Stadtbaurat Ludwig Hoffmann (Hochbau) entwarfen eine Stahlbogenbrücke mit drei Fluss- und zwei Uferöffnungen. Die vier Sandsteinpfeiler zeigten oben neobarocke Aufsätze und Reliefs mit Eule und Schriftrollen, die Weisheit und Ruhm der Aufklärung in Lessings Werken symbolisieren. Auf Bronzetafeln an den Pfeilern waren Szenen aus Lessings Dramen (Miss Sara Sampson, Emilia Galotti, Minna von Barnhelm, Nathan der Weise) abgebildet. Sie wurden von dem Bildhauer Otto Lessing geschaffen, der ein Urgroßneffe des Dichters war. Die Tafeln sind während des Zweiten Weltkrieges eingeschmolzen worden. Die Brücke selbst war beschädigt, weswegen 1950/51 eine provisorische Brücke installiert wurde. Da deren Tragkraft für Schwerlasttransporte nicht ausreichte, entstand zwischen 1980 und 1983 eine Brücke mit stählernem Bogentragwerk. Sie wurde an Land montiert und anschließend über das Wasser geschoben. Die restaurierten und ergänzten Geländer und Sandsteinbrüstungen mit maritimen Motiven stammen von der alten Brücke. Als Ersatz für die verlorenen Bronzetafeln schuf der Künstler August Jäkel die Tafeln nach alten Fotos neu.

Südlich der Lessingbrücke, am linken Ufer der Spree, eröffnete 1890 das elegante »Frauenbadehaus Bellevue«. Es gab dort je ein Bassin erster und zweiter Klasse, wobei die zweite Klasse an drei Wochentagen auch von mittellosen Frauen kostenlos genutzt werden konnte. Nach Schäden durch einen Sturm und durch Schleppkähne musste es 1898 geschlossen werden, wurde jedoch andernorts nahe der Brücke am 8. Juni 1902 vom Magistrat neu eröffnet.

ROSALUXEMBURG

Lichtensteinbrücke/Rosa-Luxemburg-Steg

Die Lichtensteinbrücke und der Rosa-Luxemburg-Steg liegen direkt nebeneinander und überbrücken beide den Landwehrkanal. Der öffentliche Rosa-Luxemburg-Steg liegt auf der Westseite, während der östliche Übergang Lichtensteinbrücke heißt und Besuchern des Berliner Zoos vorbehalten ist.

Beide Brücken liegen im Zuge der Fasanerieallee, die vom Großen Stern zum Zoologischen Garten führt, der am 1. August 1844 eröffnet wurde. Der damalige Eingang lag nach Osten gerichtet, nahe dem Landwehrkanal. Der südliche Teil der Fasanerieallee wurde 1867 in Lichtensteinallee umbenannt. Martin Heinrich Karl Lichtenstein hatte den Zoo gegründet und war dessen erster Direktor. Um den Zooeingang besser erreichen zu können, errichtete man 1873 eine Dreifelderbrücke mit zwei massiven Pfeilern über den Landwehrkanal, sodass die Lichtensteinallee direkt auf den Eingang zulief. Daher hieß die Brücke Lichtensteinbrücke. Sie wurde im Zweiten Weltkrieg zerstört und zunächst nicht wiederaufgebaut, zumal die Zooeingänge nun an der Budapester Straße und am Hardenbergplatz lagen.

Wegen seiner beengten Lage in der West-Berliner City einigten sich Berliner Senat, Bezirk und Zoo 1980 auf eine 3,4 Hektar große Erweiterungsfläche, die am 23. Mai 1987 eröffnet wurde. Sie liegt zwischen Drake-, Thomas-Dehler-Straße und Lichtensteinallee im alten Diplomatenviertel jenseits des Landwehrkanals. Daher wurde der Bau einer neuen Brücke nötig, die wieder Lichtensteinbrücke hieß. Um Spaziergänger und zahlende Zoobesucher voneinander zu trennen, entstand nach Plänen von Franz-Josef Hilbers, Ralf Schüler und Ursulina Schüler-Witte 1985/1986 eine Art Doppelbogenbrücke mit feingliedrigen Fachwerkträgern aus Stahlrohren.

Die westliche Brücke erhielt 2012 den Namen der kommunistischen Politikerin Rosa Luxemburg. Sie wurde am 15. Januar 1919 ermordet und unweit der Brücke in den Landwehrkanal geworfen. An der Stelle steht heute eine Gusseisenplatte mit ihrem Namenszug.

RADISSON
TOP TOUR SIGHTSEEING

Liebknechtbrücke

Die Liebknechtbrücke verbindet den Lustgarten mit der Karl-Liebknecht-Straße über die Spree hinweg. Sie liegt zudem auf der Trasse der Bundesstraßen B2 und B5.

Den ersten »Grundriss der Beyden Churf: Residentz Statte Berlin und Cölln an der Spree« zeichnete Johann Gregor Memhardt 1652. Danach konnte man die Spree nur über die →Rathaus- und die →Mühlendammbrücke überqueren. Im Laufe eines Jahrhunderts kamen die Blocks- bzw. Waisenhausbrücke, die Große Pomeranzen- bzw. →Friedrichsbrücke und die Kavalierbrücke am Dom hinzu. Bei letzterer handelte es sich um eine hölzerne Fußgängerbrücke, die den Lustgarten mit der Kleinen Burgstraße verband. Deshalb hieß sie zunächst Burgbrücke, wurde aber später nach der Kavallerie (militärische Reiter) benannt. Sie muss vor 1709 bestanden haben, denn in diesem Jahr stürzte die Brücke ein, wobei 40 Menschen ums Leben kamen. Sie wurde provisorisch repariert, 1771 jedoch wegen Baufälligkeit abgerissen.

1831/32 entstand durch den Zimmerermeister Gottfried Steinmeyer, eine neue Kavalierbrücke, der zur Finanzierung des Neubaus eine Aktiengesellschaft gegründet hatte. Die Brücke stand auf gusseisernen Säulen, hatte einen flachen Bogen mit einem Überbau aus Holz, war 50 Meter lang und vier Meter breit. Benutzer der Fußgängerbrücke mussten einen Brückenzoll entrichten. Zahlreiche zaunartige Segmente bildeten das Geländer.

Weil der Boulevard Unter den Linden sackgassenartig endete, musste der vom Brandenburger Tor kommende Verkehr nach Überquerung von Opern- und →Schloßbrücke vor dem Schloss rechts

abbiegen. Dann musste man links auf den Schloßplatz einbiegen und kam über →Rathausbrücke und Rathausstraße direkt zum Alexanderplatz. Daher plante man einen Straßendurchbruch zwischen Schloss und Lustgarten und durch die Gassen der Berliner Altstadt Richtung Nordosten (heute Rosa-Luxemburg-Platz). Zu diesem Zweck kaufte man Grundstücke auf, die Häuser wurden abgerissen. Sogar der Apothekenflügel des Berliner Schlosses musste gestutzt werden.

Der erste Abschnitt der neuen Kaiser-Wilhelm-Straße zwischen Lustgarten und Klosterstraße wurde am 1. Mai 1887 eröffnet. An der neuen Trasse entstanden rund 20 großstädtische Wohn- und Geschäftshäuser. In diesem Zusammenhang musste eine breite und repräsentative Brücke her, die zwischen Februar 1886 und August 1888 entstand. Die neue 26 Meter breite Kaiser-Wilhelm-Brücke wurde 1889 dem Verkehr übergeben. Die Kavalierbrücke, knapp nördlich des Neubaus gelegen, hatte ausgedient und verschwand.

Die neue, dreibogige Brücke hatten James Hobrecht vom Brückenbauamt und Oberhofbaurat Reinhold Persius konzipiert. Als Baumaterial kam Granit zum Einsatz, der mit Naturstein verblendet wurde. Für den Schmuck waren Eduard Lürssen und Ernst Westphal zuständig. An den Stirnseiten des mittleren Bogens befanden sich beidseitig figürliche Allegorien (Krieg und Frieden) aus weißem Marmor mit den Reichsinsignien. Auf die Brückenobelisken kamen Bronzefiguren und an die Postamente zur Fahrbahnseite hin vier 1,75 Meter hohe bronzene Bärenköpfe. Die vier trophäengeschmückten Obelisken aus schwarzem Granit dienten als Kandelaber.

In der NS-Zeit gab es monströse Planungen für den Umbau Berlins zur »Welthauptstadt Germania«. Die Kaiser-Wilhelm-Brücke stand der Verbreiterung einer Ost-West-Verbindung durch Berlins Mitte im Wege, weshalb im März 1939 mit deren Abriss begonnen wurde. Kriegsbedingt konnte der Abbruch nicht vollständig beendet werden. Nach Kriegsbeginn montierte man die Bronzereliefs mit Bärendarstellung an den Obelisken und weitere Schmuckreliefs und Skulpturen auf den Brückenpfeilern ab. Sie sollten in Gießen eingeschmolzen werden (»Metallspende des deutschen Volkes«). Die dortigen Arbeiter versteckten die meisten Bronzefiguren in einem Lager, um sie vor der Zerstörung zu bewahren. Nachdem die Schmelzhütte ihre Arbeit 1945 einstellen musste und die Besitzer die eingelagerten Materialien verkauften, kamen die Bären auf diese Weise 1982 in die USA.

Die im Abriss befindliche Brücke wurde durch deutsche Truppen im Frühjahr 1945 gesprengt, um die Rote Armee aufzuhalten. Nach dem Ende der Schlacht um Berlin entstand zunächst ein Holzprovisorium für Fußgänger. 1949 begann der Neubau. Die beiden steinernen Randgewölbe konnten wieder hergerichtet werden, das größere Mittelsegment wurde als rechteckige Stahlrahmenkonstruktion ausgeführt. Die Verkehrsfreigabe erfolgte am 29. April 1950. Brücke und anschließende Straße wurden zu Ehren Karl Liebknechts benannt, der in der Nähe eine Rechtsanwaltspraxis besessen hatte und am 9. November 1918 am Stadtschloss schräg gegenüber die Freie Sozialistische Republik Deutschland ausrief. Sie heißen trotz aller politischen Umbrüche bis heute so.

Nach der Wiedervereinigung erfuhr der Senat von der Existenz der historischen Brückenbären in den USA und erreichte eine Rückführung nach Berlin. Die vier bronzenen Bärenköpfe wurden 1997 an den Landpfeilern an der Fußgängerunterführung angebracht und in einem feierlichen Akt enthüllt.

Löwenbrücke

Das System der Wasserläufe im Großen Tiergarten besteht aus drei Strängen von rinnenartigen Gewässern, wobei teichähnliche Erweiterungen sich mit schmaleren grabenähnlichen Abschnitten abwechseln. Dem natürlichen Gefälle folgend, strömt Wasser aus dem Landwehrkanal über zwei Zuläufe in den Neuen See, verteilt sich von hier in die anderen Gewässer und wird über insgesamt vier unterirdische Rohrleitungen Richtung Spree abgeleitet. Ursprünglich dienten die Rinnen dazu, das sumpfige Flussauengelände der Spree zu entwässern. Mit der Umwandlung in einen Park gestaltete man die Wasserläufe als eine romantische Landschaft mit Spazierwegen, Inseln und Brücken.

Eine dieser Brücken war die Löwenbrücke im südwestlichen Tiergarten, die über einen Wasserlauf führt. Die erste Fußgängerhängebrücke Berlins war 17,3 Meter lang und rund zwei Meter breit. Sie war in Berlin die letzte ihrer Art und galt als älteste Drahtseilhängebrücke Deutschlands.

Die Brücke entstand 1838 nach Entwürfen des Ingenieurs Ludwig Ferdinand Hesse und des Bildhauers Christian Friedrich Tieck. Die gusseisernen Löwenfiguren, die sich bis auf die Ausrichtung des Schwanzes alle glichen, wurden bei Borsig am Oranienburger Tor gefertigt. Vorbild war die 1826 eröffnete Löwenbrücke in Sankt Petersburg.

Die filigrane Holzkonstruktion war an je zwei eisernen Paralleldrahtseilen angehängt. Sie wurden von vier Löwen in ihren Mäulern gehalten, die auf Steinsockeln saßen. So waren die Löwen nicht nur eine hübsche Applikation, sondern wesentlicher Bestandteil der Konstruktion. Das hölzerne Geländer war durch über Kreuz gelegte Holzstäbe gegliedert. Die Brücke kostete 2 578 Reichstaler und 21 Silbergroschen.

Das Bauwerk wurde bis auf die Löwen im Zweiten Weltkrieg zerstört, jedoch 1958 weitgehend originalgetreu rekonstruiert.

Im Jahre 2008 musste die Brücke wegen Baufälligkeit gesperrt und 2014 abgebaut werden. Ende Mai 2023 waren auch alle vier Löwen abmontiert. Ein Wiederaufbau ist vorgesehen.

Lohmühlenbrücke

Die Lohmühlenbrücke führt über den Neuköllner Schifffahrtskanal und verbindet das Maybachufer und die Weichselstraße in Neukölln mit der Lohmühlenstraße in Treptow. Die im 18. Jahrhundert dort befindlichen Lohmühlen zermahlten Baumrinden (»Lohe«) zu Borkenmehl, einem Zusatzstoff für die Lederherstellung.

Dort, wo der Landwehrkanal einen großen Knick macht, begann man am 20. Januar 1902 mit den Erdarbeiten für einen Stichkanal, der bis zur Ringbahn reichte. Man folgte dabei dem Lauf des Schlangen- oder Wiesengrabens. Nach zweieinhalb Jahren war der Rixdorfer Stichkanal fertig. Ab 1912 wurde er zum Teltowkanal am Hafen Britz Ost verlängert und am 23. Mai 1914 als Neuköllner Schifffahrtskanal eröffnet. Einige Brücken entstanden zunächst provisorisch aus Holz, so auch die erste Lohmühlenbrücke. Sie stand knapp nördlich des heutigen Neubaus, der erst 1921 eröffnet wurde. Bedingt durch den Ersten Weltkrieg dauerte der Ersatz der Brückenprovisorien etwas länger.

Die Bezirksgrenze zum Ost-Berliner Stadtbezirk Treptow entlang des Landwehrkanals und der Harzer Straße wurde mit dem Bau der Sperranlagen ab dem 13. August 1961 physisch fassbar – die Brücke endete an der Mauer. Die West-Berliner Wohngebiete zwischen Harzer Straße und Kiehlufer lagen nun zwischen den Grenzanlagen und dem Kanal. Da sie nur über einen Umweg über die Wildenbruchbrücke erreicht werden konnten, errichtete man 60 Meter von der Lohmühlenbrücke entfernt 1962 den Kiehlsteg für Fußgänger. Er wurde erst 2014 wegen zu hoher Sanierungskosten abgerissen.

Durch einen mit der DDR vereinbarten Gebietsaustausch wurde der Bogen im Grenzverlauf 1988 so begradigt, dass die Brücke für West-Berliner wieder nutzbar war. Die Lohmühlenbrücke wurde 1989 saniert. Sie zeigt auf beiden Seiten das Stadtwappen von Neukölln sowie – in römischen Ziffern – das Jahr ihrer Erbauung (MCMXX entsprechend 1920). Auf der Brücke wurde 1987 eine der Schlüsselszenen des Spielfilms *Der Himmel über Berlin* gedreht.

Lutherbrücke

Die Lutherbrücke überspannt die Spree und verbindet die Paulstraße mit dem Spreeweg.

Die Paulstraße bekam am 11. November 1868 ihren Namen und endete einst an der Spree. Die Einrichtungen der Bahn (Lehrter Güterbahnhof), der Justiz (Gefängnis, Kriminalgericht) und der Militärverwaltung (Kasernen, Proviantamt) sollten über eine neue Brücke in der Achse der Paulstraße besser erreichbar sein. Der Militärfiskus kaufte das notwendige Gelände vom Eisenbahnfiskus und trat es an die Stadt Berlin ab.

Der Ingenieur und Regierungsbaumeister Karl Bernhard entwarf eine massive, dreibogige Brücke, deren Bau im Frühjahr 1891 begann. Ein Teil des ausgehobenen Sandes verwendete man zum Betonieren und Mauern, zumal die Pfeiler und Widerlager der Brücke auf je zwei Meter dicken Betonfundamenten ruhen. Der Beton wurde zwischen Spundwänden gegossen. Die Brücke selbst bestand aus Warthauer und Rackwitzer Sandstein aus Schlesien. Rohre und Kabel fanden in besonderen Hohlräumen unter den Bürgersteigen Platz, die mit Gehwegplatten aus Granit abgedeckt waren. Die Fahrbahn wurde mit schwedischem Kiefernholz belegt.

Wegen der Nähe zum Schloss Bellevue legte man auf eine repräsentative Ausschmückung Wert, die der Architekt Otto Stahn geplant hatte. Auf den Pfeilern standen dreiarmige, einst vergoldete gusseiserne Kandelaber, die mit Ranken und Blattwerk verziert waren. Zwischen den Laternensockeln und kugelförmigen Sandsteinpfeilern befand sich ein kunstvoll gearbeitetes schmiedeisernes Geländer. Auf den vier Brückenköpfen erhoben sich mächtige Obelisken mit goldenen Sternen auf der Spitze. Die Sichtflächen der Brücke wurden mit roten Klinkern verblendet, was mit den hellen Sandsteinbögen einen schönen Farbkontrast ergab.

Die Brücke wurde am 14. November 1892 dem Verkehr übergeben und am 12. Mai 1893 nach Martin Luther benannt.

Die 1945 teilweise gesprengte Brücke wurde 1950/51 in vereinfachter Form wieder aufgebaut und 1974–79 nach historischem Vorbild restauriert.

Marchbrücke

Die Marchbrücke führt über den Landwehrkanal und verbindet die Marchstraße mit der Franklinstraße. Es ist die dritte Brücke an dieser Stelle. Der Töpfermeister Ernst March gründete am Südufer des damaligen Schafgrabens 1836 eine Töpferei. Die Tonwarenfabrik wuchs zum bedeutendsten Unternehmen der keramischen Industrie auf dem europäischen Kontinent und bestand hier bis 1904. Das ehemalige Firmengelände gehört seit 1963 zum Campus der Technischen Universität. Der Sohn von Ernst March war Otto March, der das Deutsche Stadion in Berlin entworfen hatte. An seiner Stelle bauten seine Enkel Werner und Walter March das heutige Olympiastadion.

Der Tonwarenfabrikant Ernst March ließ bereits 1840 eine hölzerne Klappbrücke über den Graben schlagen. Er starb 1847 im Alter von 49 Jahren. Zwei Jahre später wurde die Brücke nach ihm benannt. Weil das südliche Kanalufer zwischen 1883 und 1890 mit einer steinernen Uferwand und Promenade versehen wurde, war 1890 eine neue Holzbrücke nötig. Die heutige Steinbrücke entstand 1911/12. Heinrich Seeling und August Bredtschneider entwarfen eine Stahlbetonkonstruktion, die mit groben Blöcken aus Muschelkalk verkleidet ist. Die Brücke hat einen großen, flachen Bogen von 27 Metern Länge und zwei kleine Bögen, die die Uferwege überspannen. Die pfeilerartigen Widerlager zwischen den Bögen sind durch halbrunde Vorsprünge betont. An der Nordseite (Salzufer) steht ein kleines Turmhaus, an der Südseite ein Sandsteinportal zum Fußweg am Kanal. Beide Zusatzbauten wie die Brücke selbst sind mit Ornamenten und Plastiken verziert. Die Schlusssteine des großen Bogens zeigen die Köpfe eines Schiffers und eines Töpfers. Sämtliche Bildhauerarbeiten wurden nach Entwürfen des Stadtbaurats Seeling von den Bildhauern Johannes Hinrichsen und Ludwig Isenbeck geschaffen. Die künstlerische Ausstattung zeugt von der Finanzkraft und dem Selbstbewusstsein der damals selbstständigen Stadt Charlottenburg.

Die Brücke wurde nach Kriegsschäden 1947 wiederhergestellt.

Marie-Elisabeth-Lüders-Steg

Der Spreeübergang zwischen dem Marie-Elisabeth-Lüders-Haus und dem Paul-Löbe-Haus im Berliner Parlaments- und Regierungsviertel wird nach dem erstgenannten Gebäude umgangssprachlich als Marie-Elisabeth-Lüders-Steg bezeichnet. Einen amtlichen Namen gibt es für die Fußgängerbrücke nicht. Sie gehört wie der →Kanzleramtssteg zum »Band des Bundes«, das Axel Schultes und Charlotte Frank in den 1990er-Jahren entworfen hatten.

Von West nach Ost reihen sich folgende Gebäude und Örtlichkeiten aneinander: Kanzlergarten mit zukünftigem Erweiterungsbau des Kanzleramtes, das Kanzleramt selbst, die Baulücke eines nicht realisierten Gebäudes namens »Bürgerforum«, das Paul-Löbe-Haus und das Marie-Elisabeth-Lüders-Haus. Das Reichstagsgebäude steht knapp südlich des »Bandes des Bundes«. Dieses Band überquert zweimal die Spree, die hier in einem Bogen fließt und die ehemals getrennten Teile Berlins verbindet. Der Bau, der nach der liberalen Politikerin Marie-Elisabeth Lüders († 1966) benannt wurde, steht mitten im ehemaligen Grenzgebiet. Im Erdgeschoss des Gebäudes stellte man die Mauersegmente an originaler Stelle wieder auf. Die Spree gehörte an dieser Stelle in voller Breite zu Ost-Berlin. Hier patroullierten die Grenztruppen auf ihren Booten. Auf dem gegenüberliegenden West-Berliner Ufer steht das Gebäude, das nach dem Sozialdemokraten Paul Löbe († 1967) benannt wurde. Er war von 1920 bis 1932 Reichstagspräsident. Beide Gebäude wurden samt Brücke von Stephan Braunfels entworfen. Sie liegen einander mit zusammenpassenden Dachkanten gegenüber und sind an den Nordseiten durch eine doppelstöckige Brücke miteinander verbunden. Sie wurde zwischen 2001 und 2003 gebaut, ist 62 Meter lang, drei Meter breit und zehn Meter hoch. Die untere Brücke führt in einem sanften Bogen über die Spree und ist öffentlich zugänglich. Die obere Brücke verbindet beide Gebäude in Höhe der sechsten Etage und ist nur befugten Personen vorbehalten. Sie trägt den Spitznamen »Höhere Beamtenlaufbahn«.

Marschallbrücke

Die Marschallbrücke verbindet die Luisenstraße mit der Wilhelmstraße über die Spree hinweg. Schon Ende des 17. Jahrhunderts gab es in der Nähe einen hölzernen Fußgängersteg über den Fluss, der um 1740 und um 1795 erneuert wurde.

1820 kaufte der Unternehmer Johann Friedrich Ferdinand Schumann die Grundstücke zwischen Spree, Friedrichstraße, späterer Hannoverschen Straße und Schönhauser Graben (heute Berlin-Spandauer Schifffahrtskanal). Auf diesem Areal innerhalb der Zollmauer gab es neben der Charité nur einige Manufakturen, etliche Holzplätze und eine Meierei. Schumann parzellierte das Gelände gewinnbringend und legte Straßen an. Die Luisenstraße bildete die Hauptachse des Gebietes, das 1828 von der Spandauer Vorstadt abgetrennt und nun Friedrich-Wilhelm-Stadt genannt wurde. Um den Wert seiner Grundstücke zu steigern, hatte Schumann schon 1820 den Bau einer neuen Brücke im Zuge der Luisenstraße auf Staatskosten erreicht. Sie hatte fünf Felder und eine Klappvorrichtung in der Mitte. Mit dem Namen Marschallbrücke sollte wohl an den legendären Feldmarschall Blücher erinnert werden.

Wegen des zunehmenden Verkehrs und der schmalen Fahrbahn der Brücke gab der Berliner Magistrat einen Neubau in Auftrag. Nach Plänen des Architekten und Baubeamten Paul Gottheiner entstand 1881/82 eine Eisen- und Stahlbrücke. Sie war 60 Meter lang, hatte ursprünglich drei Bögen und zwei mit Granit verkleidete Pfeiler. Die Kunstschmiedewerkstatt Eduard Puls schmückte die Brücke mit schmiedeeisernen Kandelabern, ornamentalen Geländern und Metallreliefs an den Bogenscheiteln. Am Ende des Zweiten Weltkrieges wurde das südliche Feld der Brücke gesprengt. Notdürftig repariert, war sie später Grenzübergangsstelle für Lastkähne.

Nach der Wiedervereinigung wurde die Brücke durch Gerhard Pichler und Benedict Tonon ab 1997 saniert. Dabei entfiel der südliche Pfeiler, der Mittelbogen fand beim →Anhalter Steg Verwendung. Die sanierte Brücke wurde am 30. Juni 1999 wiedereröffnet.

Moabiter Brücke

Die Brücke verbindet die Bartningallee mit der Kirchstraße über die Spree hinweg. Der Hofzahnarzt Pierre Bailif gründete eigens eine Aktiengesellschaft, um den ersten Brückenbau an dieser Stelle privat zu finanzieren. 1821 entstand eine hölzerne Zugbrücke. Sie war 70 Meter lang, 7,5 Meter breit und wurde später von der Stadt Berlin übernommen. Um 1868 wurde der Klappendurchlass beseitigt und der Überbau angehoben, weshalb Rampen angebracht werden mussten.

1893/94 entstand nach Plänen des Ingenieurs Karl Bernhard und des Architekten Otto Stahn der heutige Bau mit drei Bögen. Pfeiler und Brüstung wurden mit dunkelgrauem rheinischem Basalt verkleidet. Die Brücke wurde am Freitag, den 2. November 1894 eingeweiht. Als Erste fuhren Bürgermeister Martin Kirschner und der Moabiter Stadtverordnete Wilhelm Gericke in einer Kutsche über den Neubau, dann folgte ein mit einem riesigen Dampfkessel beladener vierspänniger Lastwagen der Firma Borsig. Der Zeremonie wohnten außerdem Stadtbaurat James Hobrecht, zahlreiche Stadtverordnete sowie beteiligte Unternehmer und Künstler bei. Karl Begas, Johannes Boese, Johannes Götz und Carl Piper hatten vier Bronzebären geschaffen, die auf hohen Sockeln standen. Daher wurde die Brücke im Volksmund »Bärenbrücke« genannt.

Obwohl das südliche Gewölbe in den letzten Kriegsmonaten gesprengt worden war, stellte man die Brücke in ihrer ursprünglichen Form wieder her. Allerdings sind die Bären während des Zweiten Weltkrieges eingeschmolzen worden. Am 2. November 1981 weihte man eine neue gusseiserne Bärengruppe ein, deren Entwürfe von Günter Anlauf († 2000) stammen. Die Bären der Wittenauer Eisengießerei stehen auf etwas niedrigeren Sockeln und kosteten 233 000 DM.

Einst existierten etliche Flussbadeanstalten an der Spree. Knapp östlich der Brücke gab es von 1831 bis 1857 ein Frauenbad, das auch die Komponistin Fanny Hensel gern besuchte. Zwischen 1890 und 1916 bestand auch eine Männerbadeanstalt an der Moabiter Brücke.

Moltkebrücke

Als Ersatz für die 1851 errichtete hölzerne Drehbrücke für die Berliner Verbindungsbahn, die fünf Kopfbahnhöfe miteinander verband, ging am 21. August 1865 die Unterspreebrücke in Betrieb. Sie wurde ab 1871 zu einer Bogenfachwerkbrücke mit massiven Pfeilern umgebaut und erhielt 1875 den Namen Moltkes. 1887 musste sie jedoch wegen baulicher Mängel wieder abgebrochen werden.

Stattdessen entstand 1886–91 nach Plänen von Otto Stahn und James Hobrecht eine Brücke, die mit Verblendklinkern und rotem Sandstein verkleidet ist. Sie verbindet heute die Straße Alt-Moabit mit der Willy-Brandt-Straße und hat fünf Korbbogengewölbe mit drei Stromöffnungen.

Generalfeldmarschall Helmuth von Moltke findet sich als Porträt über beiden mittleren Brückenbögen, außen flankiert von den Köpfen der preußischen Generäle von Blücher und von Derfflinger auf der einen, sowie von Cäsar und Athene auf der anderen Brückenseite. Auf den Pfeilern beidseitig des mittleren Bogens sieht man eine Eule (Weisheit des Feldherren) und einen preußischen Adler, geschaffen von Johannes Boese. Von Carl Begas stammen acht bronzene Gruppen mit jeweils drei Kindern in römischer Soldatenkleidung und Waffen auf Steinsockeln an der Brüstung, die um den Schaft der großen Laternen stehen. Carl Piper stattete die Brückenenden mit vier Greifenskulpturen aus, die auf lorbeergeschmückten Podesten kupferne Wappenschilder halten.

1942 wurden alle bronzenen Teile abmontiert und eingeschmolzen. Die Brücke wurde 1943 stark beschädigt und 1945 teilweise gesprengt. 1947 wurde sie notdürftig repariert. Erst 1983–86, im Vorfeld der 750-Jahr-Feier Berlins 1987, erfolgte eine grundlegende Instandsetzung für 32 Millionen DM. Dabei wurden drei neue Greife geschaffen, die je 15 Tonnen wiegen. An der nordwestlichen Brückenseite steht am Ufer einer der im Krieg zerstörten Greife auf einem Sockel. August Jäkel schuf nach Fotovorlagen Repliken des verlorenen bronzenen Bild- und Skulpturenschmuckes sowie der Laternen.

Oberbaumbrücke

Die 150 Meter lange Brücke überquert die Spree und ist damit Teil des (unvollendeten) Innenstadtrings. Er verläuft u. a. über die Bernauer, Danziger, Warschauer und Skalitzer Straße.

Der Name »Oberbaum« bezieht sich auf eine ältere Holzbrücke mit Zollstelle, die etwa in Höhe der heutigen →Jannowitzbrücke stand. Den Durchlass sperrte man nachts mit einem dicken, mit Eisennägeln gespickten Balken oder Baumstamm. Der entsprechende Unterbaum befand sich etwa am Standort der heutigen →Kronprinzenbrücke.

An der Stelle der heutigen Oberbaumbrücke entstand 1724 eine 154 Meter lange und 8,50 Meter breite Zugbrücke aus Holz mit Klappen für den Schiffsverkehr, die auch als Zollstelle gedacht war. Als diese durch eine massive Steinbrücke ersetzt werden sollte und die Firma Siemens & Halske eine Eisenbahnbrücke über die Spree plante, einigte man sich auf die Errichtung einer kombinierten Eisenbahn-/Straßenbrücke. Unter Leitung des Stadtbauinspektors Georg Pinkenburg entwarf der Architekt Otto Stahn eine neugotische Brücke mit sieben unterschiedlich breiten Gewölben, die wie ein wehrhaftes Stadttor wirkt. Dies kommt durch zwei 34 Meter hohe, unterschiedlich gestaltete Türme, sowie Reliefs, Spitzbögen, Kreuzgewölbe, Zinnen und Wappen märkischer Städte zum Ausdruck. Unter dem Bahnviadukt entstand ein geschützter Fußgängerüberweg nach Art eines mittelalterlichen Kreuzgangs, während die Fahrbahn auf der westlichen Brückenseite verläuft.

Die Bauarbeiten, die 1894 begannen, sollten zur Treptower Gewerbeausstellung 1896 abgeschlossen sein. Eine offizielle Schlusssteinfeier fand bereits am 24. August 1895 statt. Die Hochbahngleise der ersten Berliner U-Bahn-Strecke (heute: Linien U1 und U3) konnten erst am 18. Februar 1902 den regulären Betrieb aufnehmen.

Am 23. April 1945 sprengten deutsche Truppen drei Fünftel des mittleren Gewölbebogens, um der Roten Armee das Vorrücken zu erschweren. Dabei erlitten die Türme schwere Schäden. Weitere 15 Pfeiler des Hochbahnviadukts und zahlreiche Zierelemente wurden durch Beschuss beschädigt. Der Hochbahnhof Osthafen war bereits am 10. März 1945 so stark zerstört worden, dass er ersatzlos abgebrochen wurde.

Durch die Einteilung in Sektoren verband die Brücke den Bezirk Friedrichshain (sowjetischer Sektor) mit dem Bezirk Kreuzberg (amerikanischer Sektor). Die daraus folgende Teilung der Stadt führte am 31. Oktober 1948 während der Berliner Blockade zum ersten tödlichen Grenzzwischenfall. Ein DDR-Volkspolizist wurde von einem aus Friedrichshain kommenden Lieferwagen gerammt und dabei tödlich verletzt. Am 17. Februar 1949 erschoss ein Volkspolizist auf der Brücke einen West-Berliner Pkw-Fahrer. Er hatte sich geweigert, in den Ostsektor zurückzufahren, und raste stattdessen Richtung Sektorengrenze nach West-Berlin. Im Dezember 1955 sperrten die Ost-Berliner Behörden die Oberbaumbrücke für den Kraftfahrzeug- und Straßenbahnverkehr, sodass nur noch Fußgängerverkehr möglich war. Damit war es nach der Grenzschließung am 13. August 1961 auch vorbei. Die Hochbahn endete nun am Bahnhof Schlesisches Tor. Am 5. Oktober 1961 versuchte ein 25-jähriger Mann nahe der Brücke durch die Spree nach West-Berlin zu schwimmen, die hier in voller Breite zu Ost-Berlin gehörte. Als er unter Beschuss geriet und zu lange tauchen musste, ertrank er. In den 1970er-Jahren ertranken mehrfach Kinder, die beim Spielen in die Spree gefallen waren. Von Westseite durfte ihnen nicht geholfen werden, und Hilfe vonseiten der DDR kam zu spät. Nach dem fünften toten Kind einigte man sich 1976 darauf, am südlichen Brückenkopf eine Notrufsäule zu installieren. Nach deren Aktivierung durfte man Ertrinkenden Hilfe leisten, weil man den Grenztruppen der DDR signalisieren konnte, dass es sich hier nicht um eine Grenzverletzung, sondern um einen Notfall handelte. Am 8. Juni 1962 flüchteten 13 junge Ost-Berliner. Auf der Spree hatten sie das DDR-Fahrgastschiff »Friedrich Wolf« gekapert, vor der Oberbaumbrücke abgedreht und waren volle Kraft aufs West-Berliner Ufer zugesteuert. Die Brücke wurde während der Passierscheinabkommen zwischen 1963 und 1966 jeweils für einige Tage für West-Berliner Fußgänger geöffnet, um Verwandte in Ost-Berlin besuchen zu können. Erst ab 1972 gab es eine dauerhafte Öffnung für Fußgänger.

Nach der Wiedervereinigung musste die Brücke saniert, repariert und rekonstruiert werden. Der Architekt Santiago Calatrava entwarf eine 22 Meter lange Konstruktion für den zerstörten Mittelteil. Er hatte einen Architektenwettbewerb für sich entschieden. Seit dem 14. Oktober 1995 wird die Oberbaumbrücke wieder von der U-Bahn und vom Straßenverkehr genutzt. Sie ist Bestandteil des Wappens von Friedrichshain-Kreuzberg.

Die Oberbaumbrücke diente auch als Kulisse für zwei Filme: Im Streifen *Lola rennt* von 1998 spurtet die Hauptdarstellerin Franka Potente über die Brücke. Außerdem war die Brücke in dem Action-Thriller *Unknown Identity* am 21. März 2010 Schauplatz einer inszenierten Unfallszene, bei der ein Taxi in die Spree stürzt.

Parkringbrücke

Der sogenannte Parkring wurde angelegt, nachdem der Militärfiskus den kleineren Teil des Tempelhofer Feldes westlich des heutigen Tempelhofer Dammes 1910 verkauft hatte. Die Tempelhofer Feld AG plante zunächst eine dichte, fünfgeschossige Bebauung, wie sie an der nördlichen Manfred-von-Richthofen-Straße realisiert wurde. Grünflächen sollten aber nicht vereinzelt, sondern in Ringform angelegt werden. So wäre der Parkring von jedem Punkt des neuen Wohnviertels schnell erreichbar. Zwischen Loewenhardtdamm und Manfred-von-Richthofen-Straße senkte man den Parkring ab, um dort einen künstlichen Teich anzulegen. Er wurde von planschenden Kindern und Ruderbooten genutzt. Außerdem erhoffte man sich einen U-Bahnanschluss über die Manfred-von-Richthofen-Straße, sodass ein U-Bahnhof mit seitlichem Tageslichteinfall – ähnlich wie beim U-Bahnhof Rathaus Schöneberg – möglich gewesen wäre. Der erste Parkabschnitt wurde im Sommer 1913 eingeweiht. Im Zuge der Boelckestraße überspannt die Parkringbrücke, die Bruno Möhring zugeschrieben wird, den Teich. Der Entwurf stammt wohl von Paul Jatzow, der zwei flache Rundbögen (Korbbögen) konzipierte. Das Mauerwerk besteht auf beiden Stirnseiten aus grob behauenen Steinquadern (Bossenwerk). An beiden Mittelpfeilern sind je zwei nackte Knaben zu erkennen, die Ernst Seger 1914/15 geschaffen hat. Damit symbolisierte er die Spiel- und Erholungsfunktion des Parks.

Nach dem Ersten Weltkrieg wurde in den 1920er-Jahren das weitgehend noch unbebaute Gelände in Abkehr von der ursprünglichen Planung mit zweigeschossigen Einfamilienreihenhäusern mit Gartenland bebaut. In den 1930er- und 1950/60er-Jahren füllte man die Baulücken mit mehrgeschossigen Wohnhäusern.

Der Teich ist heute östlich der Brücke trockengelegt. Der westliche Teil existiert als eingezäunter, naturnaher Weiher unter dem Namen Kynastteich weiter. Der Parkring blieb erhalten, ist jedoch durch eingefügte Bauten wie z. B. Flachbunker mehrfach unterbrochen.

NIKOLAI 1237
VIERTEL
BERLIN
STADT
DES
FRIEDENS
ZUFAHRT
DELIVERIES

Rathausbrücke

Die Rathausbrücke über die Spree verbindet den Schloßplatz mit der Rathausstraße.

Am 20. März 1307 vereinigten sich die Städte Berlin und Cölln durch Bildung eines gemeinsamen Rates. Einige Jahre später entstand auf einer hölzernen Spreebrücke sogar ein gemeinsames Rathaus, das erstmals am 26. Oktober 1342 erwähnt wurde: »uppe dem rathuse twischen Berlin und Colne«. Es stand auf einem von der Brücke aus zugänglichen Pfahlwerk.

In einer Urkunde vom 7. Juli 1365 heißt es: »up den rathuse by der nyen brugghen tzwischen beyden steden«. Dieser Spreeübergang hieß also zunächst Neue Brücke. Erst am 25. Januar 1399 ist vom Rathaus »upp der langen bruggen« die Rede (zit. nach Kaeber, S. 33f.). Das ist aus heutiger Sicht erstaunlich, ist doch die derzeitige Brücke nur 44,70 Meter lang. Vermutlich erstreckte sich die Spree auf Berliner Seite damals tiefer ins Land hinein, was eine lange Brücke erforderte. Sie stand auf 14 Jochen und konnte von Schiffen nicht unterfahren werden.

Kurfurst Friedrich II. hob die Vereinigung beider Städte 1442 auf. Das gemeinsame Rathaus auf der Brücke wurde zunächst vom kurfürstlichen Hofrichter genutzt und 1514 abgerissen. Stattdessen entstanden auf der Langen Brücke hölzerne Verkaufsbuden, wie sie bis 1683 auch auf der Mühlendammbrücke üblich waren. Kurfürst Georg Wilhelm befahl am 29. März 1631, sie abzubrechen. Am 28. August 1634 verbot er, Leder am Brückengeländer zum Trocknen aufzuhängen. Weil einige Schiffe beim Anlegen an der Brücke unvorsichtig waren, musste die Brücke mehrfach ausgebessert werden, so z. B. 1652 und 1659. Schließlich wurde 1661 ein hölzerner Neubau errichtet. Ihr einziger Schmuck waren Tafeln mit den Wappen der einzelnen Landesteile am Geländer. Die hölzerne Fahrbahn wurde mit Sand bestreut. Für den Bau zahlten beide Städte zusammen 400 Taler, während der Große Kurfürst Friedrich Wilhelm das Bauholz stiftete. Am 30. August 1678 erging die Weisung, einen neuen Bohlenbelag herzustellen, die abgebrochenen Wappen und Tafeln wieder anzubringen sowie Pfeiler und Geländer mit Ölfarbe zu streichen.

Friedrich III., ab 1688 brandenburgischer Kurfürst, empfand die Holzbrücke direkt am Schloss wohl als rückständig und provinziell und beauftragte den kurfürstlich-brandenburgischen Oberbaudirektor Johann Arnold Nering mit dem Bau einer Steinbrücke. Zusammen mit dem Ingenieur Jean Louis Cayart plante er eine fünfbogige Brücke, erbaut aus Pirnaischen Quadersteinen und mit rotem Sandstein verkleidet. Der Kurfürst legte im Frühjahr 1692 selbst den Grundstein. Die Arbeiten endeten am 5. November 1694. Zusammen mit der gleichzeitig neu erbauten →Schleusenbrücke war die Lange Brücke die erste Steinbrücke Berlins.

An den Füßen der Bögen befanden sich zwölf Figuren römischer Götter und des Wassergottes Neptun, die der Hofbildhauer Wehmeyer geschaffen hatte. Doch der Blickfang war die auf dem mittleren Bogen stehende Reiterstatue des Großen Kurfürsten, mit der Kurfürst Friedrich III. seinen Vater würdigen wollte. Dazu war das

mittlere Joch stromaufwärts verlängert worden. Der Entwurf stammt von Andreas Schlüter, den Guss begann Johann Jacobi am 22. Oktober 1700. Die feierliche Enthüllung fand am 11. Juli 1703 statt, dem 46. Geburtstag des nunmehrigen Königs. Nering erlebte das nicht mehr, er war bereits am 21. Oktober 1695 im Alter von 36 Jahren gestorben. Die vier Eckfiguren des Postamentes, die Schlüter erst im Sommer 1706 geschaffen hatte, stellen Sklaven dar. Sie wurden im März 1708 von Jacobi gegossen. 1818 entfernte man die steinerne Brüstung und ersetzte sie durch ein gusseisernes Geländer nach einer Zeichnung von Karl Friedrich Schinkel.

Um dem wachsenden Verkehr gerecht zu werden und Lastschiffen eine Durchfahrt zu ermöglichen, begann 1895 im Rahmen einer Spreeregulierung unter Beibehaltung des Reiterstandbildes der Abbruch und Neubau einer Brücke mit drei Bögen. Sie wurde am 9. Mai 1896 eröffnet und in diesem Zusammenhang in Kurfürstenbrücke umbenannt.

Am Ende des Zweiten Weltkrieges wurde die Brücke gesprengt. Nur das Mittelteil blieb stehen. Das Reiterdenkmal hatte man rechtzeitig ausgelagert. Beim Rücktransport im Winter 1947/48 stürzte es in den Tegeler See. Nach der Bergung im November 1949 und einer Restaurierung stellte man es 1952 vor dem Schloss Charlottenburg auf.

Eine hölzerne Behelfsbrücke wurde 1947–49 und noch einmal 1974–76 durch Stahlträger ersetzt. Infolge großer Schäden am Gewölbe war die Brücke von 1952 bis 1976 für den Fahrzeugverkehr gesperrt. Wegen der Nähe zum Roten Rathaus heißt die Brücke seit 1951 Rathausbrücke.

Von 2009 bis 2012 wurde die Brücke nach Plänen des Architekten Walter A. Noebel erneut komplett neu gebaut. Doch der moderne Bau, der doppelt so teuer wurde wie geplant, wird oft als einfallslos kritisiert. Die vier Leuchten sind unzureichend. Nach einer Idee des Schweizers Erik Steinbrecher fertigte man die Geländerstreben in Form von Ästen und Wurzeln aus Metallguss. Für die Handläufe verwendete man afrikanisches Iroko-Holz. Die neue Brücke kommt immerhin ohne Mittelpfeiler aus und hat zwei kleine Unterführungen für die Uferwege.

NUR IN BERLIN
Reederei Hadynski
Tel. 0172/32 45 341
Franziska
BERLIN D
STADT DES FRIEDENS
BERLIN

Ostbahnhof
Friedrichshain
Arabisches Restaurant

Roßstraßenbrücke

Die Roßstraßenbrücke verbindet die Fischerinsel mit der Neuen Roßstraße über den Spreekanal hinweg.

Um 1400 besaß die Stadt Cölln neben dem Gertraudentor am Spittelmarkt das Köpenicker Tor am nördlichen Ende der heutigen Neuen Roßstraße. Beiden Toren waren Brücken über den Spreekanal vorgelagert, die →Gertraudenbrücke und die spätere Roßstraßenbrücke im Süden. Von hier aus führten Handelswege nach Köpenick und Dresden, die der Köpenicker und Dresdener Straße ihre Namen gaben.

Mit dem Bau der Festungsanlagen zwischen 1658 und 1683 entstand neben Wällen und Bastionen auch ein breiter Wassergraben, sodass rund 300 Meter südlich der Roßstraßenbrücke eine zusätzliche hölzerne Zugbrücke über den neuen Festungsgraben notwendig wurde, die »Copnicker Bruck«. Ein halbes Jahrhundert später errichtete man eine Zoll- und Akzisemauer in weitem Bogen um Alt-Berlin herum. Die alten Handelswege nach Köpenick gingen von hier nun über das Schlesische Tor, nach Dresden über das Kottbusser Tor.

Die hölzerne Klappbrücke, die über den Kanal führte, bekam 1835 offiziell den Namen Roßstraßenbrücke, der wohl vorher schon gebräulich war. Das lag nahe, weil die anschließenden Straßen Roß- bzw. Neue Roßstraße hießen. Sie hatte Ähnlichkeit mit der →Jungfernbrücke.

Wegen Baufälligkeit wurde die Roßstraßenbrücke zwischen 1899 und 1901 durch eine Korbbogenbrücke aus Sandstein mit steinernem Geländer nach Plänen von Ludwig Hoffmann ersetzt. Der Bildhauer August Vogel schmückte die westliche Stirnseite der Brücke mit 13 Sandsteinfiguren. Am Scheitelpunkt der Ostseite stand eine rund drei Meter hohe Säule, auf der ein springendes Pferd trohnte – ein Sinnbild für den Namen der Brücke.

Nach schweren Schäden im Zweiten Weltkrieg wurde die Brücke 1958 vereinfacht wieder aufgebaut. Den Schmuck stellte man nicht neu her. Zwischen 2019 und 2021 wurde die Brücke grundinstandgesetzt und denkmalgerecht erneuert. Sie ist heute ein Beispiel für die ersten Steinbrücken über den südlichen Spreekanal.

Schillingbrücke

Die Schillingbrücke überspannt die Spree und verbindet die Holzmarktstraße mit dem Bethaninen- und dem Engeldamm.

Johann Friedrich Schilling, Maurermeister und Stadtdeputierter, gründete 1840 eine private Brückenbau-Aktiengesellschaft. Mit dem Kapital entstand an der heutigen Stelle eine hölzerne Klappbrücke, die nach dem Initiator Schillingbrücke genannt wurde. Wer sie nutzen wollte, musste dafür eine Gebühr zahlen. Als die Stadt Berlin die Brücke 1862 übernahm, schaffte sie die Benutzungsgebühr ab.

Weil die Brücke nach drei Jahrzehnten baufällig war, wurde zwischen 1870 und 1874 ein massiver Neubau mit fünf Bögen errichtet. Er war 75 Meter lang und 15 Meter breit. Das Ziegelmauerwerk wurde mit schlesischem Sandstein verkleidet. Die Stirnseiten und Pfeiler gestaltete der Bildhauer Emil Hundrieser mit Sandsteinreliefs, die See- und Fabelwesen sowie Allegorien zu Handel und Gewerbe zeigen. Eine bauliche Besonderheit ergab sich durch den 1852 fertiggestellten Luisenstädtischen Kanal, der an der Schillingbrücke über ein Wasserbecken in die Spree mündete. Da dieses Becken genau in der Achse der Brücke lag, war am Westufer der Bau einer sogenannten Zwillingsbrücke in Y-Form nötig. Über sie gab es eine Verbindung zu den Uferstraßen beiderseits von Becken und Kanal, die 1926 zugeschüttet wurden.

Wegen des zunehmenden Verkehrs musste die Brücke 1912 mit Stahlkonsolen verbreitert werden. Sie überdeckten teilweise die Reliefs, die nur noch vom Schiff oder vom Ufer aus zu erahnen waren.

Den Zweiten Weltkrieg hatte die Brücke überstanden. Mit dem Bau der Berliner Mauer 1961 wurde die Brücke gesperrt, weil die Spree hier in gesamter Breite zur DDR gehörte. In der Umgebung der Schillingbrücke kamen einige Menschen bei Fluchtversuchen ums Leben.

Nach dem Fall der Mauer wurde die Brücke 1991–94 saniert. Die gesäuberten Steinreliefs bleiben aber weiterhin kaum sichtbar. Die Straßenleuchten und das Geländer mit Schmuckelementen entstanden neu.

Schlesische Brücke

Schlesische Brücke

Die Schlesische Brücke verbindet die Schlesische Straße mit den Straßen Vor dem Schlesischen Tor und Puschkinallee zwischen Kreuzberg und Alt-Treptow. Sie führt auf die 600 x 100 Meter große Lohmühleninsel. Der Name stammt von den Lohmühlen des 18. Jahrhunderts an dieser Stelle. Die Insel entstand beim Ausbau des Schafgrabens zum Landwehrkanal um 1850. Den Schafgraben baute man mit Wehr zum Flutgraben aus. Der etwas weiter nördlich abzweigende Landwehrkanal wurde parallel neu gegraben und kurz vor der Spree mit einer Schleuse versehen, um die unterschiedlichen Wasserspiegel zwischen Spree und Landwehrkanal auszugleichen. Die so entstandene Insel ist über vier Brücken mit dem Festland verbunden: Obere Freiarchenbrücke, Ernst-Heilmann-Steg (Fußgänger), →Treptower Brücke und Schlesische Brücke.

Über den Schafgraben führte hier am ehemaligen Schlesischen Tor spätestens 1705 eine erste Brücke, die 1712 nach den Mühlen auch Mahlbrücke genannt wurde. Sie ist nach dem Bau des Landwehrkanals 1852 durch eine hölzerne Klappbrücke ersetzt worden. Im Zusammenhang mit der für 1896 geplanten Gewerbeausstellung im heutigen Treptower Park beabsichtigte die Berliner Verwaltung den Bau einer leistungsfähigeren Brücke. Der Stadtbaurat für Straßen- und Brückenbau James Hobrecht und der Stadtbauinspektor Paul Gottheiner entwarfen eine Blechträgerkonstruktion als Balkenbrücke. Für die Ausführung waren Stadtbauinspektor Otto Rohde und Regierungsbaumeister Paul Saminski verantwortlich. Regierungsbaumeister Otto Stahn und Ingenieur Willy Zander verzierten das gusseiserne Geländer beidseits der Brücke mit geschmiedeten floralen Rankenornamenten im Stil des Historismus. Der Brückenname steht in Frakturschrift auf dem Brückenscheitel. Das Konstrukt konnte nach zweijähriger Bauzeit 1896 eingeweiht werden.

Die kriegsbeschädigte Brücke setzte man 1954 instand, sie war aber durch den Mauerbau 1961 nahezu funktionslos. Sie wurde 1987 mit Mitteln aus der Denkmalstiftung saniert.

Schleusenbrücke

Die Schleusenbrücke überspannt den Spreekanal und verbindet den Werderschen Markt mit dem Schloßplatz.

Bereits 1443, dem Jahr der Grundsteinlegung des Berliner Schlosses, bestanden hier am Spreekanal zwei Holzbrücken. Die östliche führte über den Mühlengraben, der die Werderschen Mühlen antrieb. Diese wurden 1876 abgerissen und an gleicher Stelle 1897 das Kaiser-Wilhelm-Denkmal enthüllt. Der Mühlengraben wurde 1959 zugeschüttet. An der westlichen Brücke existierte zunächst nur ein Wehr, später eine Schleuse.

Ein Umbau von Mühlen und Schleuse erforderte eine neue Brücke. Sie wurde 1563–67 durch Vibrand Gerlitzen aus Holz errichtet, war 24 Meter breit und ermöglichte mit fünf Klappenpaaren die Schiffsschleusungen. Nach Plänen von Johann Arnold Nering entstand 1694–97 eine massive Brücke. Zusammen mit der zeitgleich errichteten →Rathausbrücke waren dies die ersten Steinbrücken Berlins.

Obwohl die Schleusenbrücke im 19. Jahrhundert zweimal verstärkt wurde, ist sie zwischen 1914 und 1916 abermals erneuert worden. Nach Entwürfen der Architekten Fritz Kritzler und Max Tischer entstand ein klappenloser Neubau aus Walzstahl und Blechträgern.

Die Brüstungspfeiler und Widerlager verkleidete man mit grauem Granit. Robert Schirmer und Otto Markert fertigten ein gusseisernes verziertes Brückengeländer, das an den Enden je zwei bronzene Reliefs mit Stadtansichten aus den Jahren 1657 und 1774 zeigt. Die Entfernung des Schleusenwehrs und die gleichzeitige Erweiterung des Spreekanals machten 1937 einen Umbau der Brücke notwendig. Sie wurde verbreitet, auf 23,90 Meter verlängert und das gusseiserne Geländer erweitert. Der Bildhauer Kurt Schumacher gestaltete je zwei weitere Medaillons mit plastischen Stadtansichten aus den Jahren 1650 und 1688.

Die schweren Kriegsschäden an der Schleusenbrücke wurden 1951 repariert. Das Brückengeländer rekonstruierte man erst 1972/73. In diesem Zusammenhang stellte der Bildhauer Hans Füssel auch die Reliefs als Nachguss wieder her.

Schloßbrücke

Über den Spreekanal führte einst eine hölzerne Jochbrücke. Man nannte sie Hundebrücke, weil sich hier die Hundemeute vor der Jagd versammelte. Das Jagdrevier für die adlige Hofgesellschaft war eingezäunt, damit die dort eingesperrten Tiere nicht flüchten konnten. Es befand sich jenseits des Kanals. Dort begannen jedoch 1673 die Absteckungsarbeiten für die Neustadt, die seit 1681 Dorotheenstadt heißt. Es ist heute das Gebiet beiderseits der Straße Unter den Linden zwischen Spree und Behrenstraße. Das Jagdgebiet musste weiter nach Westen rücken, heißt heute »Tiergarten« und ist eine Art Berliner Central Park.

Die alte Hundebrücke zwischen königlichem Schloss und Zeughaus wurde 1738 durch eine neue Holzbrücke mit Klappvorrichtung für den Schiffsverkehr ersetzt. Sie war aber mit Anschluss an den breiten Lindenboulevard schon lange nicht mehr zeitgemäß. Karl Friedrich Schinkel, der 1819 den Auftrag für eine neue Brücke bekam, bescheinigte ihr ein »höchst dürftiges Aussehen«, das die Prachtstraße »auf das Unschicklichste verengte und verunstaltete.« Auch König Friedrich Wilhelm III. bemängelte diesen Schandfleck. Als Gegenstück zum Brandenburger Tor (in seiner heutigen Ausgestaltung seit 1791) sollte am östlichen Ende der »Via Triumphalis« eine repräsentative Schloßbrücke entstehen.

Schinkel entwarf eine massive mit Sandstein verkleidete Brücke mit drei gleichen Segmentbögen. Jedoch waren im Mittelfeld eiserne Klappen für den Schiffsdurchlass notwendig.

Auf den vier Fundamenten der Bogenstützen und den vier Widerlagern an den Enden der Brücke entstanden acht Postamente aus schlesischem Marmor. Darauf sollten acht überlebensgroße Figurengruppen nach Motiven der griechischen Mythologie stehen, die Schinkel entworfen hatte. Dargestellt werden Siegesgöttinnen mit jungen Helden. Inspiriert hatten ihn wohl die Engelsbrücke in Rom und die Befreiungskriege 1813/15 gegen die napoleonische Herrschaft. Er starb jedoch 1841 und erlebte die Fertigstellung der Figuren zwischen 1853 und 1857. Abweichend von Schinkels Entwurf, der Kupfertreibarbeiten vorsah, wurden die 2,50 Meter hohen Figuren in weißem Carrara-Marmor ausgeführt. Die Künstler waren (von Ost nach West) auf der linken Seite: August Wredow, Gustav Bläser, Albert Wolff und Ludwig Wilhelm Wichmann. Auf der rechten Seite: Friedrich Drake, Karl Heinrich Möller, Hermann Schievelbein und Emil Wolff. Die Berliner spotteten damals über die nackten Kerle, während sich Moralapostel um die Sittsamkeit sorgten.

Das Geländer ließ Schinkel nach seinen Entwürfen mithilfe des Bildhauers Kleemeyer in der Königlich Preußischen Eisengießerei herstellen. Eisen ersetzte hier die kostspielige Bronze. Die Brüstungsplatten am Geländer mit mythologisch-maritimen Motiven zeigen rankenförmige Verzierungen mit Seepferdchen, Delfinen und

Tritonen (Mischwesen mit menschlichem Oberkörper und fischartigem Unterkörper mit Schwanzflosse).

Die Arbeiten an der Brücke waren mit der Pflasterung 1824 beendet. Nach Fertigstellung der Mühlendammschleuse 1894 wickelte man den Schiffsverkehr vorwiegend über den Hauptarm der Spree ab, während der Spreekanal zur Nebenwasserstraße wurde. Daher konnte man die Mittelklappen durch Mittelgewölbe ersetzen.

Die Figuren wurden 1943 abgebaut und eingelagert, um sie vor Kriegszerstörungen zu schützen. Man bewahrte sie später im Lapidarium in West-Berlin auf. Nach kontroversen politischen Diskussionen gab man die Figuren an die DDR zurück. Sie wurden im April 1981 von Spezialtransportern aus Ost-Berlin abgeholt und im September 1983 sowie im April 1984 wieder an ihren alten Standorten aufgestellt. Die komplettierte Brücke wurde am 28. Mai 1984 für den Verkehr freigegeben. Sie hieß allerdings von 1. Mai 1951 bis zum 3. Oktober 1991 Marx-Engels-Brücke. Der Name Schloßbrücke wäre auch unpassend gewesen, denn die DDR-Regierung hatte das kriegsbeschädigte Schloss 1950 aus ideologischen Gründen sprengen lassen.

Knapp südlich der Schloßbrücke wurde am 9. Juli 2021 der U-Bahnhof Museumsinsel (U5) eröffnet.

Rund 150 Meter westlich der Schloßbrücke gab es einst eine weitere Brücke: Etwa in Höhe der Neuen Wache kreuzte der Festungsgraben aus dem 17. Jahrhundert die Straße Unter den Linden. Hier gab es zunächst nur eine einfache Holzbrücke, die bald im Kontrast zu den Prachtbauten des 18. Jahrhunderts stand (Zeughaus, Staatsoper und königliche Palais). Deshalb wurde sie 1774 nach Plänen von Johann Boumann dem Älteren durch die steinerne Opernbrücke ersetzt, die in hohem Bogen über den Graben führte. Für das steinerne Geländer fertigte der Bildhauer Wilhelm Christian Meyer acht überlebensgroße Sandsteinfiguren als Laternenträger an. Schinkel ließ den Graben überdecken und die Opernbrücke 1816/17 abreißen. Die Meyerschen Figuren stellte man 1824 am Leipziger Platz wieder auf. 1876 wurde der Graben im Bereich der Oper völlig zugeschüttet. Die Straßennamen »Am Festungsgraben« hinter der Neuen Wache und »Oberwallstraße« am Kronprinzenpalais erinnern noch heute daran.

Siemenssteig

Der Siemenssteg ist eine Fußgängerbrücke und überspannt die Spree zwischen Alt-Lietzow und dem Kraftwerk Charlottenburg.

Die damals selbstständige Stadt Charlottenburg plante ab 1896 den Bau eines eigenen Elektrizitätswerkes. Man versprach sich davon den Zuzug von Industrie und wohlhabenden Bürgern sowie die Verbesserung der Straßenbeleuchtung. Außerdem begann zu dieser Zeit die Umstellung der Pferde- und Dampfbahnen auf elektrische Straßenbahnen. Um die für den Betrieb notwendige Kohle über den Wasserweg anliefern zu können, wurde ein Grundstück an der Spree gewählt. Der Ingenieur Georg Klingenberg leitete den Bau durch die Elektrizitäts-AG vormals W. Lahmeyer & Co., die das Werk zehn Jahre als Pächter betreiben sollte. Das Frankfurter Elektrounternehmen ließ zeitgleich eine Fußgängerbrücke über die Spree bauen, die vor allem für die Arbeiter des Kraftwerkes gedacht war, ähnlich wie beim →Kaisersteg in Oberschöneweide. So mussten sie keine Umwege über benachbarte Brücken machen.

Die neue Bogenbrücke mit Treppen wurde zeitgleich mit der Betriebsaufnahme des Elektrizitätswerkes am 1. August 1900 eröffnet. Die Metallkonstruktion ist 77 Meter lang und 3,50 Meter breit, während der eigentliche Fußweg aus Holz besteht. Über sie verliefen auch die elektrischen Leitungen ans Südufer.

Wie etliche Charlottenburger Brücken wurde auch diese besonders geschmückt. An den Brückenköpfen befinden sich je zwei zehn Meter hohe wuchtige quadratische Sandsteinpfeiler. Sie tragen zierliche Barockhauben und sind durch ein filigranes geschmiedetes Eisengesims verbunden. Außen an den Pfeilern befinden sich gegossene Plaketten. Sie zeigen senkrecht gebündelte, an den Enden ausgefranste Kabelstücke mit zwölf Stromblitzen in alle Richtungen.

1902 erhielt die Brücke den Namen des Firmengründers Werner von Siemens, der seit dem Frühjahr 1862 in der Nähe ein Landhaus besaß. Es wurde im Zweiten Weltkrieg zerstört und stand in der heutigen Otto-Suhr-Allee 16. Die Brücke wurde 1960 saniert.

Stößer seebrücke

Stößenseebrücke

Die Stößenseebrücke liegt zwischen Scholzplatz und Freybrücke im Zuge der Heerstraße (B2/B5).

Diese wurde 1903–11 als breite, schnurgerade Verbindung zum Truppenübungsplatz in der Döberitzer Heide angelegt. Lediglich am Scholzplatz knickt die Trasse um gut 20 Grad nach Nordwesten ab. Im Osten hat sie Anschluss an den 1906 angelegten Kaiserdamm, von dem aus es in Ost-West-Richtung bis zum Berliner Stadtschloss geht. Dem geraden Straßenverlauf standen im Bereich der Havel zwei seenartige Ausbuchtungen entgegen: die rund 600 Meter breite Scharfe Lanke und der etwa 400 Meter breite Stößensee. Der Knick am Scholzplatz war notwendig, um die Heerstraße nördlich an der Scharfen Lanke vorbeizuführen. Der Stößensee sollte mit einer Brücke überquert werden. Damit diese nicht zu lang wurde, schüttete man vom Westufer her einen 350 Meter langen und 125 Meter breiten Damm auf. So wurde der See bis auf eine Fahrrinne zweigeteilt. Da die Aufschüttungen anfangs immer wieder im Morast versanken, waren rund eine Million Kubikmeter Sand und Kies notwendig, um einen festen Untergrund zu erreichen.

Der Ingenieur Karl Bernhard errichtete 1908/09 eine genietete Stahlfachwerkbrücke, die wegen der steilen Ufer etwa 20 Meter über dem Mittelwasser hängt. Außer den beiden Widerlagern liegt die Brücke auf einem riesigen Stahlfachwerkpfeiler auf, der am Ostufer des Stößensees steht. Die vier wuchtigen Auflager sind vom Uferweg aus zu sehen. Vom Pfeiler aus verlaufen zwei Fachwerkhalbbögen unter der Fahrbahn zu beiden Ufern. Östlich des Pfeilers wird die tief liegende Havelchaussee überbrückt, westlich davon der Wasserarm des Stößensees. Auf der östlichen Seite stehen zwei Granitportale mit Kriegermasken in der Mitte. Sie symbolisieren Stadttore an der Grenze zu Charlottenburg und führen zu einer Treppenanlage.

Ob die Brücke gegen Ende des Zweiten Weltkriegs gesprengt wurde oder nur gesprengt werden sollte, ist unklar. Sie wurde seit 1948 mehrfach saniert und umgebaut.

MICHAEL

Stubenrauchbrücke

Die Stubenrauchbrücke verbindet die beiderseits der Spree gelegenen Ortsteile Oberschöneweide und Niederschöneweide.

Ursprünglich bestimmten Bleichen, Mühlen und Ausflugslokale die Gegend. Ab 1889 wurden Grundstücke vornehmlich von Betrieben der Elektro- und Metallindustrie sowie des Maschinenbaus gekauft, denen es in der Innenstadt zu eng geworden war. Später verbanden Gütergleise 17 Industriegrundstücke mit dem Eisenbahnnetz. Die Lage am Spreeufer war ein zusätzlicher Standortvorteil.

Der Kreis Teltow hatte bereits 1885 im Zuge der Karlshorster Straße eine Kettenfähre eingerichtet. Diese wurde in den Jahren 1890/1891 durch eine Holzbrücke ersetzt. Über sie führten auch die Gleise der Industriebahn (»Bullenbahn«), die bis 1996 in Betrieb war. Die Brücke war 121 Meter lang, zehn Meter breit und hatte neun Öffnungen. Die drei mittleren dienten dem Schiffsdurchlass.

Obwohl die Fußgängerbrücke →Kaisersteg ab 1898 (Neubau 2007) und die hölzerne Treskowbrücke ab 1904 zu einer Verkehrsentlastung in Schöneweide beitrugen, war die Holzkonstruktion der namenlosen Brücke schnell baufällig geworden. So entstand auf Kosten der Gemeinde 1908 eine dreibogige Eisenfachwerkbrücke mit stählernem Fachwerkbogen, massiven Bögen über den Randfeldern und einer breiten Mittelöffnung. Die Widerlager und Pfeiler erhielten eine Granitverblendung. Der Neubau war 123 Meter lang, 15 Meter breit und wurde am 20. Juni 1908 eröffnet. Bei dieser Gelegenheit erhielt sie den Namen des Teltower Landrats Ernst von Stubenrauch.

Bombenangriffe im Zweiten Weltkrieg beschädigten die mittleren und nördlichen Öffnungen der Brücke schwer. Zwar erhielt sie 1959 ihr altes Aussehen zurück, doch zeigten sich Anfang der 1990er-Jahre so gravierende Schäden, dass eine parallel verlaufende Stahlbetonbrücke als Behelfskonstruktion gebaut wurde, um den Altbau zu entlasten. Obwohl 1998/99 eine Grundinstandsetzung vorgenommen wurde, soll das Provisorium demontiert werden.

Tegeler Hafenbrücke

Die Tegeler Hafenbrücke ist eine Fußgängerbrücke, die die Einfahrt des Tegeler Hafens und die Mündung des Tegeler Fließes in Verlängerung der Greenwichpromenade überspannt.

Als sich der nördliche Tegeler See Ende des 19. Jahrhunderts zu einem Ausflugsgebiet entwickelte, setzte der Fischer Siebert die Leute mit seinem Kahn für fünf Pfennig über das hier mündende Tegeler Fließ. Um 1900 waren große Gartenlokale hinzugekommen, sodass der Andrang mit einem Kahn nicht mehr zu bewältigen war. Siebert baute eine kleine Holzbrücke, für deren Benutzung er weiterhin fünf Pfennige verlangte.

1906/07 beschloss die Gemeinde Tegel den Ausbau des Tegeler Fließes zu einem Hafen, der an der Nordseite Anschluss an eine Industriebahn hatte. Um den Schiffen die Einfahrt in den Hafen zu ermöglichen, baute die Berliner Stahlbaufirma Steffens & Nölle eine hohe stählerne Fachwerkbogenbrücke. Die Firma errichtete 1926 auch den Berliner Funkturm. Ein weiterer Brückenteil aus Beton überspannt die Mündung des Tegeler Fließes, denn Hafen und Fließ trennt die langgezogene Humboldtinsel. Die Brücke hat eine Gesamtlänge von 91 Metern. Sie wurde gemeinsam mit dem Hafen am 31. Oktober 1908 eröffnet. Finanziert wurde sie zu gleichen Teilen von Constanze von Heinz (der Besitzerin von Schloss Tegel) und der Gemeinde Tegel. Bis 1922 wurden fünf Pfennige Brückengeld kassiert. Das lohnte sich, wenn an einem Wochenende bis zu 28 000 Menschen die Brücke benutzten. Während der Inflation schaffte man den Brückenzoll ab, weil die Personalkosten die Einnahmen überstiegen. 1921 fügte der Architekt und Stadtbaumeister Ernst Hornig zu beiden Seiten Torhäuser hinzu.

Der Hafen wurde 1972 für die Industrieschifffahrt geschlossen. Heute sind hier nur noch vereinzelt Freizeitkapitäne unterwegs. Das Hafengelände wurde im Rahmen der Internationalen Bauausstellung 1987 hergerichtet. Auf der Humboldtinsel und der künstlich angelegten Tegeler Insel entstand zwischen 2013 und 2017 eine hochpreisige Wohnbebauung.

Thielenbrücke

Die Thielenbrücke verbindet die Pannierstraße mit der Glogauer Straße über den Landwehrkanal hinweg. Benannt ist sie nach dem preußischen Minister der öffentlichen Arbeiten Carl von Thielen.

Zur besseren Erschließung ihrer Neuköllner Grundstücke ließ die Handelsgesellschaft F. U. Neubauer aus Magdeburg 1894 eine Holzbrücke über den Landwehrkanal schlagen. Da diese ohnehin als Provisorium gedacht war, versetzte man die Brücke ein paar Meter nach Osten, damit sie beim Bau der endgültigen Brücke nicht im Wege stehen würde. Sie ging nach ihrer Fertigstellung vertragsgemäß in das Eigentum der Stadt Berlin über. Ab 1899 überquerte auch eine Straßenbahnlinie die Brücke. Der bauliche Zustand war 1914 so bedenklich geworden, dass trotz der Belastungen des Ersten Weltkrieges ein Brückenneubau unumgänglich war. Die Kosten in Höhe von 223 500 Mark teilten sich die Städte Berlin und Neukölln, die am Landwehrkanal aneinandergrenzten. Unter Leitung von Stadtbaurat Friedrich Krause und nach Entwürfen von Otto Michaelsen entstand zwischen 1915 und 1917 eine Stahlbetonkonstruktion in Korbbogenform. Bei diesem Architekturstil gehen die Senkrechten bruchlos in den Bogen über. Der 19 Meter lange Neubau wurde mit fränkischem Muschelkalk verblendet. Die Seiten sind als durchbrochene Steinbrüstung gestaltet, die an den Enden schwungvoll ausläuft. Die Laternen werden von vier Muschelkalksäulen getragen. An der sparsamen künstlerischen Ausgestaltung in Kriegszeiten waren die Bildhauer Robert Schirmer und Otto Markert beteiligt, die fast zeitgleich die bronzenen Reliefs an der →Schleusenbrücke angefertigt hatten.

Die Brücke entging bei Kriegsende der Sprengung, sodass sie in der Nachkriegszeit für den Verkehr über den Landwehrkanal eine besondere Bedeutung hatte. Die Straßenbahnlinie über die Brücke wurde 1964 durch einen Bus ersetzt. Mittelfristig ist hier wieder eine Straßenbahnlinie vorgesehen, wobei die Brücke dann baulich verstärkt werden müsste.

Treptower Brücke

Die Treptower Brücke überquert den Flutgraben zwischen Kreuzberg und Alt-Treptow. Sie führt auf die Lohmühleninsel, deren Name von den Lohmühlen des 18. Jahrhunderts stammt. Die Insel entstand beim Ausbau des Schafgrabens zum Landwehrkanal um 1850. Den Schafgraben baute man mit Wehr zum Flutgraben aus. Der etwas weiter nördlich abzweigende Landwehrkanal wurde parallel neu gegraben und kurz vor der Spree mit einer Schleuse versehen, um die unterschiedlichen Wasserspiegel auszugleichen. Die so entstandene Insel ist über vier Brücken mit dem Festland verbunden: Obere Freiarchenbrücke, Ernst-Heilmann-Steg (Fußgänger), →Schlesische Brücke und Treptower Brücke

Über den Schafgraben führte um 1709 die hölzerne Köpenicker Brücke, »worüber der Stadt Viehtrift geht«. (zit. nach Mende/Wernicke 2003, S. 372.) Sie wurde 1850–52 nach einem Entwurf von Johann Jacob Helfft durch eine massive Brücke mit drei Bögen ersetzt. Die rote Klinkerfassade lockerte man durch das Einfügen gelber Steine auf. Das Brückengeländer ist zaunartig gemauert. Den Zweiten Weltkrieg überstand die Brücke unbeschädigt. Die Einteilung der Stadt in vier Sektoren durch die Alliierten führte im August 1961 zum Bau einer militärisch gesicherten Grenze zwischen West-Berlin und der DDR. Die Grenzanlagen errichtete man am Süd- und Ostufer des Flutgrabens, da dieser in voller Breite im amerikanischen Sektor lag. Dadurch wurde die Treptower Brücke, die im Zuge der Lohmühlenstraße stand, gesperrt. Der in West-Berlin liegende Teil der Lohmühlenstraße wurde 1978 entwidmet und in ein Freizeitgelände verwandelt. Hinter der Mauer ragte auf Ost-Berliner Seite das fünfgeschossige ehemalige Agfa-Gebäude auf, das 1901 erbaut worden war. An gleicher Stelle hatte der Chemiker Jordan bereits 1850 eine chemische Fabrik gegründet, die 1873 in der Agfa aufging (»Aktiengesellschaft für Anilinfabrikation«).

Nach dem Fall der Mauer wurde die Brücke 1993 saniert. Sie ist heute für den Autoverkehr gesperrt.

Weidendammer Brücke

Westlich der Festungsanlagen, zwischen der Spree und der heutigen Behrenstraße, begannen 1673 die Absteckungsarbeiten der Straßen und Grundstücke der Dorotheenstadt.

Sie wurde am 2. Januar 1674 als Neustadt gegründet, heißt aber seit 1681 Dorotheenstadt. Eine dieser neu angelegten Straßen war die Querstraße, die spätere Friedrichstraße. An ihrem Nordende wurde ein hölzerner Übergang über die Spree gebaut, der bereits auf dem Plan von La Vigne 1685 verzeichnet ist. Zunächst sprach man von der Dorotheenstädtischen oder Spandauer Brücke. Als die südliche Uferstraße um 1730 den Namen »Weidendamm« erhielt, bürgte sich der Name »Weidendammer Brücke« ein.

Über die Brücke erreichte man den 2. Friedhof der Dorotheenstädtischen Gemeinde, der zwischen 1706 und 1762 in Benutzung war. An gleicher Stelle steht heute der Friedrichstadt-Palast. Schräg gegenüber entstand Ende des 17. Jahrhunderts das »Hôpital Français« samt Friedhof (nördlich der heutigen Claire-Waldoff-Straße). Mit Errichtung der Zollmauer zwischen 1734 und 1737 lag das Gelände nun innerhalb der Stadt, die man über das Oranienburger Tor verlassen konnte. Als das Holz der Brücke nach 140 Jahren morsch geworden war, entstand zwischen 1824 und 1826 eine gusseiserne Brücke, eine der ersten in Europa. Sie hatte vier Bogenöffnungen und in der Mitte hölzerne Zugklappen als Durchfahrt für die Schiffe. Sie war rund 56 Meter lang, elf Meter breit (vom Autor umgerechnet, 1 preußischer Fuß = 31,385 Zentimeter) und kostete 60.000 Reichstaler. Auf dieser Brücke verlobte sich Theodor Fontane am 8. Dezember 1845 mit Emilie Rouanet. Später verbreiterte man den Gehweg für Fußgänger auf beiden Seiten. Trotzdem war sie für den Verkehr immer noch zu schmal. So blieb nur der Abriss.

Die Brückenteile dienten zunächst bei Oderberg zur Überquerung des Finowkanals. Als der Kanal verbreitert wurde, baute man sie 1913 bei Heegermühle in Eberswalde wieder auf, wo sie bis in die 1930er-Jahre die Hafenausfahrt eines Messingwerkes überbrückte. Fast vergessen, bewahrte man sie zu DDR-Zeiten vor der endgültigen Verschrottung durch Aufnahme in die Kreisdenkmalliste.

Der Architekt und Baurat Otto Stahn gewann einen Wettbewerb mit seinem Entwurf für die dritte Weidendammer Brücke. Es handelt sich um die heutige Dreibogenbrücke von 73 Metern Länge und 22,5 Metern Breite. Die Stahlkonstruktion entstand in den Jahren 1894–96. Das Geländer wurde als schmiedeeisernes Ziergitter mit Ranken, Blättern und Rosetten gefertigt. Auf der Brückenmitte zeigt sich beidseitig der kaiserliche Reichsadler mit dem preußischen Staatswappen auf dem Bauch und der Kaiserkrone auf dem Kopf. Zwischen 1924 und 1986 war diese Krone entfernt worden. Auf den Brückenpfeilern befinden sich Kandelaber in Form schlanker Gittermasten mit je zwei geflügelten Fabelmasken und vergoldeten stilisierten Sonnen an der Spitze. Die Schmiedearbeiten wurden in den

Werkstätten von Fabian, Puls, Langer, Methling und Krüger hergestellt.

Im Zusammenhang mit dem Tunnelbau der heutigen U-Bahnlinie 6 musste zwischen 1914 und 1923 ein Umbau in der Konstruktion erfolgen. Die lange Bauzeit war durch den Ersten Weltkrieg und die folgende Wirtschaftskrise bedingt.

Die Brücke blieb am Ende des Zweiten Weltkrieges von Sprengungen verschont. Seither wurde sie mehrfach repariert und saniert.

Erich Kästner setzte der Weidendammer Brücke 1931 ein literarisches Denkmal. Eine Szene in seinem Kinderroman *Pünktchen und Anton* spielt auf dieser Brücke: »Kennt ihr die Weidendammer Brücke? Kennt ihr sie am Abend, wenn unterm dunklen Himmel ringsum die Lichtreklamen schimmern? Die Fassaden der Komischen Oper und des Admiralspalastes sind mit hellen Schaukästen und bunter Leuchtschrift bestreut.« Pünktchens Vater, der Fabrikdirektor Pogge, stand fassungslos an der Komischen Oper, als er plötzlich sein Töchterchen nachts auf der Brücke betteln sah.

Die »Komische Oper«, die Kästner hier erwähnt, hat nichts mit der heutigen Komischen Oper in der Behrenstraße zu tun. Das Theater wurde 1904/05 nahe der Brücke errichtet, dort, wo seit 2006 das MELIÃ Hotel steht. Gründer war der Schauspieler und Regisseur Hans Gregor, der als Erster im deutschsprachigen Raum ein privat finanziertes Opernhaus eröffnet hatte. Innerhalb von sechs Jahren brachte er 19 Uraufführungen heraus. Seit Konzept ging jedoch nicht auf; 1911 ging er an die Hofoper nach Wien. Das Gebäude wurde am Ende des Zweiten Weltkrieges zerbombt. Die Fundamente nutzte in den 1950er-Jahren der Zirkus Barlay. Bis zur Neubebauung des Grundstücks in den 1980er-Jahren blieb die Fläche frei.

Die Adlerfiguren am Geländer inspirierten Wolf Biermann 1976 zu seiner *Ballade vom preußischen Ikarus:* »Da, wo die Friedrichstraße sacht / den Schritt über das Wasser macht / da hängt über der Spree / die Weidendammer Brücke. Schön / kannst du da Preußens Adler sehn / wenn ich am Geländer steh / dann steht da der preußische Ikarus / mit grauen Flügeln aus Eisenguss / dem tun seine Arme so weh / er fliegt nicht weg – er stürzt nicht ab / macht keinen Wind – und macht nicht schlapp / am Geländer über der Spree.«

Oberbaumbrücke

Literatur

Berlin und seine Bauten. Berlin 1896, S. 166 (Hiroshimasteg).

Blees, Thomas: Glienicker Brücke. Ausufernde Geschichten. Berlin 1998.

Bräuer, Uta Maria/Lehne, Jost: Bäderbau in Berlin. Architektonische Wasserwelten von 1800 bis heute. Berlin 2013, S. 41.

Borchardt: Die städtischen Bade-Anstalten in Berlin. In: Deutsche Vierteljahrsschrift für öffentliche Gesundheitspflege, Band 20. Braunschweig 1888, S. 600–605.

Donath, Matthias/Schulz, Gabriele/Hofmann, Michael: Denkmale in Berlin. Bezirk Tempelhof-Schöneberg. Ortsteile Tempelhof, Mariendorf, Marienfelde, Lichtenrade. Hrsg. vom Landesdenkmalamt Berlin. Petersberg 2007, S. 83.

Eberhardt, Frank: Auf, über und unter der Erde. Zur Geschichte der Jannowitzbrücke. In: Edition Luisenstadt 1998 (https://berlingeschichte.de/bms/bmstxt98/9807deta.htm; 20. 5. 2023).

Hedde, Fritz: Neuere Fußgängerbrücken der Stadt Berlin/Der Bellevuesteg. In: Zentralblatt der Bauverwaltung, 35. Jg., Heft 65 (14. August 1915), S. 429–432.

Kaeber, Ernst: Die Beziehungen zwischen Berlin und Cölln im Mittelalter und der Konflikt der beiden Städte mit Kurfürst Friedrich II. In: Hansische Geschichtsblätter. Hrsg. vom Hansischen Geschichtsverein. 54. Jg. 1929. Lübeck 1930, S. 19–88.

Lehwess, Walter: Der Wettbewerb um die Ausgestaltung des Parkringes auf dem Tempelhofer Felde in Berlin. In: Der Städtebau. Monatsschrift. 9. Jg. 1912, 2. H., S. 13–15 + Tafeln.

Loth, Marc (Hrsg.): Pharaonen an der Spree. Ägyptisierende Architektur und Skulptur in Berlin. Norderstedt 2012, S. 37, 39, 136.

Mende, Hans-Jürgen/Wernicke, Kurt (Hrsg.): Berlin Mitte. Das Lexikon. Berlin 2001.

Dies..: Berliner Bezirkslexikon Friedrichshain-Kreuzberg. Berlin 2003.

Dies.: Berliner Bezirkslexikon Charlottenburg-Wilmersdorf. Berlin 2005

Dies.: Berliner Bezirkslexikon Treptow-Köpenick. Berlin 2009.

Micke, Tristan: Die Güter- und Straßenbahn in Oberschöneweide. Die Anfangsjahre. In: Müggelsee-Report 3/2017, S. 22.

Pinkenburg, Georg: Baugeschichtliches von der Brücke im Zuge der Paulstraße. In: Centralblatt der Bauverwaltung. 13. Jg. 1893, Nr. 16 (22. April 1893), S. 161–164.

Robeck, Ulrike: Die älteren Hallen des Bochumer Vereins als Zweckbauten und Denkmale der Eisen- und Stahlindustrie. Diss. Ruhr-Universität Bochum, 2008, S. 51.

Schröder, Meinhard: Tegel. Zwischen Idylle und Metropole. Berlin 2015, S. 89–92.

Schultze, Johannes: Rixdorf-Neukölln. Die geschichtliche Entwicklung eines Berliner Bezirks. Berlin 1960.

Senatsverwaltung für Stadtentwicklung und Umwelt Abt. I (Auftraggeber): Modellhafte Qualifizierung der Tiergartengewässer (gewässerökologisches Entwicklungskonzept) als Grundlage für die Aktualisierung des Parkpflegewerks Großer Tiergarten. Ergänzte Fassung, Berlin, April 2014.

Simon, Christian: Hauptstadtbauten in Berlin. Berlin 2005, S. 80.

Ders.: Wilmersdorf. Zwischen Idylle und Metropole. Berlin 2015, S. 48–52.

Ders.: Berliner Spaziergänge. Treptow-Köpenick. Berlin 2020, S. 21–24.

Ders.: Die schönsten Berliner U-Bahnhöfe. Berlin 2023, S. 73f.

Ders.: Vergessene Friedhöfe und Kirchen in Berlin. Berlin 2023, S. 47–54.

Stenographische Berichte über die öffentlichen Sitzungen der Stadtverordnetenversammlung der Haupt- und Residenzstadt Berlin. Ausgabe 26.1899, S. 127.

Strehlow, Hannelore: Der gefährliche Weg in die Freiheit. Fluchtversuche aus dem ehemaligen Bezirk Potsdam. Hrsg. von der Brandenburgischen Landeszentrale für politische Bildung. Potsdam 2004, S. 69.

Thiemann, Eckhard/ Desczyk, Dieter, Metzing, Horstpeter: Berlin und seine Brücken. Berlin 2003.

Thiemann, Eckhard/Desczyk, Dieter: Berliner Brücken. Gestaltung und Schmuck. Berlin 2012.

Tolkmitt, Gustav: Gewölbte Brücken in Coepenick. In: Zeitschrift für Bauwesen. Hrsg. vom Ministerium der öffentlichen Arbeiten. Jg. XLII. Berlin 1892, Spalte 352–372.

Zangemeister, Hermann: Neubau der Dove-Brücke in Charlottenburg. In: Deutsche Bauzeitung, XLVI. Jg, Nr. 22 (16. 3. 1912), S. 205–208, 230–232.

Zeitungsartikel

Berliner Tageblatt 2.11.1894 Abend-Ausgabe, S. 4 und *Berliner Tageblatt* 4.11.1894 Morgen-Ausgabe, S. 6.

Dolif, Nicole: Spreebäder haben eine 200 Jahre alte Tradition. Berliner Morgenpost online 22.6.2004 (https://www.morgenpost.de/printarchiv/berlin/article103545138/Spreebaeder-haben-eine-200-Jahre-alte-Tradition.html; 27.4.2023).

Ehemalige Schloßbrücke in Ost-Berlin wieder komplett. *Der Tagesspiegel* 28.4.1984.

Ehemalige Schloßbrücke in Ost-Berlin jetzt erneuert. *Der Tagesspiegel* 29.5.1984.

Tolkmitt, Klaus: Die Gotzkowskybrücke verbindet Charlottenburg mit Moabit. Berliner Woche 8.4.2021.

Vossische Zeitung, Morgen-Ausgabe 6.6.1902, S. 13.

Internetseiten

https://www.iberty.net/2016/11/schokoladenschwimmer.html; 26.4.2023.

https://www.stattreisenberlin.de/sta fuehrungen- berlin/blog/unsichtbar-die-dovebruecke-in-charlottenburg/; 10.5.2023.

https://ndtponton.wordpress.com/2009/02/14/berlin-hiroshimasteg-1987/; 19.5.2023.

https://www.bundesregierung.de/breg-de/suche/groesserer-regierungssitz-1799034; 23.5.2023.

https://www.berlin.de/ba-charlottenburg-wilmersdorf/ueber-den-bezirk/kultur-und-wissenschaft/universitaeten/artikel.248854.php; 5.6.2023.

Wikipedia-Seiten der entsprechenden Brücken.

Bildhauerei in Berlin

Kuhn, Jörg:

https://bildhauerei-in-berlin.de/bildwerk/plastischer-schmuck-der-lessing-bruecke-6441/; 27.4.2023.

https://bildhauerei-in-berlin.de/bildwerk/figurenschmuck-der-moltke-bruecke-6264/; 30.4.2023.

https://bildhauerei-in-berlin.de/bildwerk/butt-bunnen-7839/; 4.5.2023.

https://bildhauerei-in-berlin.de/bildwerk/figuerliche-ausgestaltung-der-brueckenpfeiler-6445/; 10.5.2023.

Vösgen, Nicola:

https://bildhauerei-in-berlin.de/bildwerk/dovebruecke-10230/; 11.5.2023.

https://bildhauerei-in-berlin.de/bildwerk/schlusssteine-10319/; 5.6.2023.

1. Abteibrücke
2. Admiralbrücke
3. Anhalter Steg
4. Baerwaldbrücke
5. Bismarckbrücke
6. Charlottenburger Brücke
7. Dovebrücke
8. Eiserne Brücke
9. Elsensteg
10. Friedrichsbrücke
11. Gerickesteg
12. Gertraudenbrücke
13. Glienicker Brücke
14. Gotzkowskybrücke
15. Gustav-Heinemann-Brücke
16. Hallesche-Tor-Brücke
17. Herkulesbrücke
18. Hiroshimasteg
19. Jannowitzbrücke
20. Jungfernbrücke
21. Kaisersteg
22. Kanzleramtssteg
23. Kronprinzenbrücke
24. Lange Brücke
25. Lessingbrücke
26. Lichtensteinbrücke/Rosa-Luxemburg-Steg
27. Liebknechtbrücke
28. Löwenbrücke
29. Lohmühlenbrücke
30. Lutherbrücke
31. Marchbrücke
32. Marie-Elisabeth-Lüders-Steg

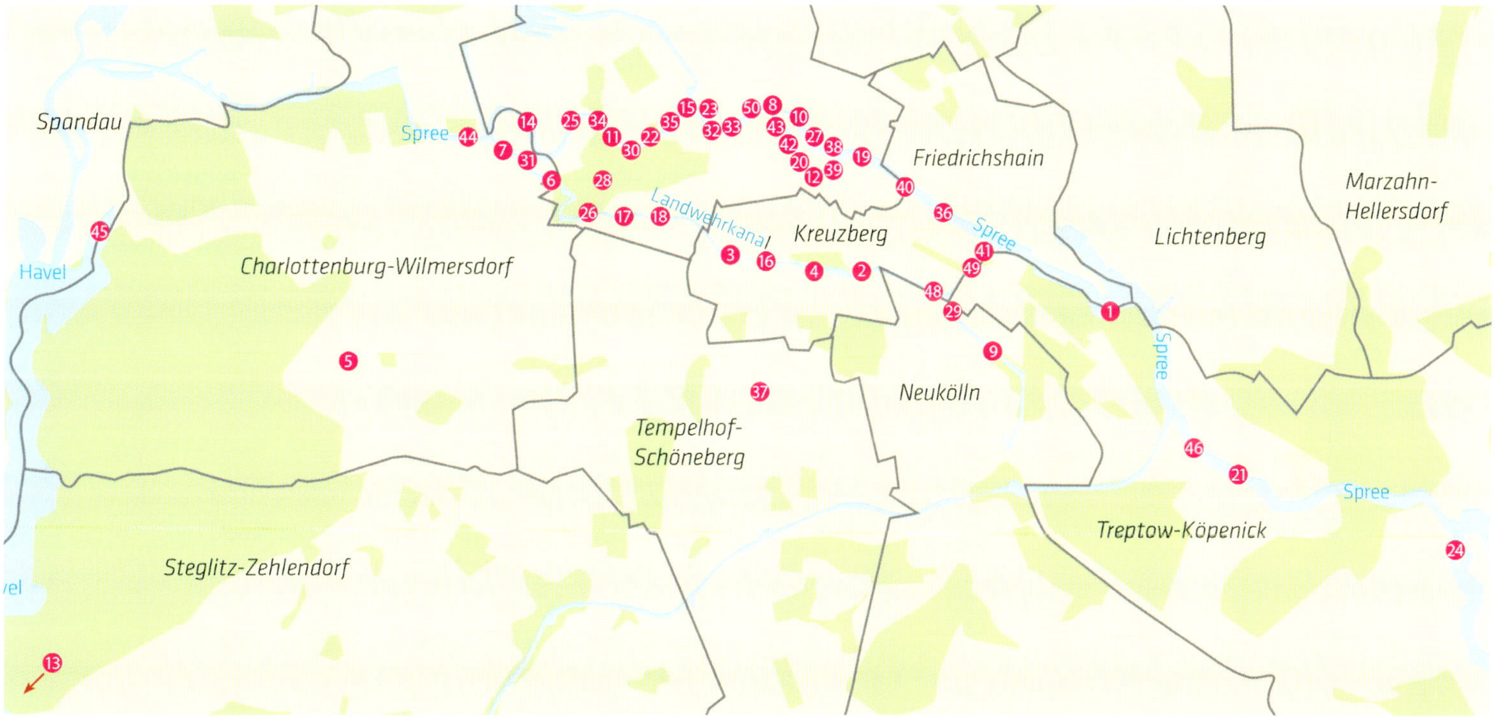

33. Marschallbrücke
34. Moabiter Brücke
35. Moltkebrücke
36. Oberbaumbrücke
37. Parkringbrücke
38. Rathausbrücke
39. Roßstraßenbrücke
40. Schillingbrücke
41. Schlesische Brücke
42. Schleusenbrücke
43. Schloßbrücke
44. Siemenssteg
45. Stößenseebrücke
46. Stubenrauchbrücke
47. Tegeler Hafenbrücke
48. Thielenbrücke
49. Treptower Brücke
50. Weidendammer Brücke